W0044559

Bibliografische Information der Deutschen Nationalbibliothek:
Die Deutsche Nationalbibliothek verzeichnet diese Publikation
in der Deutschen Nationalbibliografie; detaillierte bibliografische
Daten sind im Internet über www.dnb.de abrufbar.

© 2021 oekom verlag, München
Gesellschaft für ökologische Kommunikation mbH
Waltherstraße 29, 80337 München

Korrektur: Elena Bruns
Lektorat: Isabel Werthmann
Satz und Umschlaggestaltung: eins rauf, Velimir Milenković
Umschlagabbildung: © Brooke Cagle/Unsplash
Druck: CPI books GmbH, Leck

ISBN 978-3-96238-324-4

Vincent Maria Konrad

Leben ohne Wagen wagen

Eine Reise ins *autofreie* Glück

 oekom

Inhalt

3 Neues Leben

Für meine Großmutter

Offroad für den freien Geist

Für viele Menschen in unserer Gesellschaft bedeutet das Automobil ein Stück Lebensqualität und Freiheit. Es scheint oftmals die bequemste und einfachste Art der Mobilität zu sein. Wenn es ums Auto geht, wird es schnell emotional. Das ist nicht verwunderlich, hat doch das Automobil im vergangenen Jahrhundert wie kaum eine andere Maschine unser Leben und auch unsere Wirtschaft geprägt. Millionen Menschen hat seine Produktion Arbeitseinkommen gebracht, und noch viele mehr verbinden mit ihrem Wagen unvergessliche Erlebnisse. Mit der Veränderung unserer Welt – allen voran die Erwärmung des Klimas, aber auch die Platznot in den großen Städten – stellt sich die Frage, wie wir zukünftig mobil sein wollen. Eine pure Fortsetzung dessen, wie wir uns im 20. Jahrhundert fortbewegt haben, wird zunehmend als schlichtweg unrealistisch betrachtet, denn der mit dem Pkw verbundene Ressourcenverbrauch droht die Freiheit künftiger Generationen enorm zu beschränken. Angesichts dieser Tatsache wollen einige den motorisierten Individualverkehr mit Vorschriften begrenzen, andere setzen auf neue Technologien des Antriebs. Vincent M. Konrad wählt einen dritten

Weg, indem er sich kurzerhand von seinem »geliebten« Auto verabschiedet und ganz einfach ausprobiert, was das mit ihm und seiner Lebensqualität macht. Seine Erfahrungen, die er uns in diesem Buch erzählt, sind ebenso überraschend wie erfrischend. Sie öffnen neue Perspektiven, was Freiheit bedeuten kann, wie sich Zeit anders erleben lässt, wie sich mit der Abkehr von Gewohntem und Geschätztem andere Welten auftun. Sein Bericht zeigt, wie ein augenscheinlicher Verzicht zu einem unerwarteten Reichtum führen kann.

Es braucht lebensfrohe, reflektierte und humorvolle kleine Geschichten mit großartigen Erfahrungen, die Mut machen, das Unvorstellbare einfach auszuprobieren. Es braucht selbstbewusste Gegenentwürfe zum moralischen Zeigefinger. Es braucht Geschichten wie die von Vincent M. Konrad, die Lust darauf machen, die Blechkiste stehen zu lassen. Mich hat dieses Buch genau dazu inspiriert.

Die Skizzen autofreier Städte und Landschaften entstehen jenseits des Asphalts in vom unrealistischen Ballast befreiten Köpfen – Offroad für den Geist. Freiheit und Abenteuer lagen schon immer im unbekannten Gelände. Wer sich auf so etwas einlässt, eröffnet sich mit hoher Wahrscheinlichkeit auch Denkfreiheiten bei anderen wichtigen Fragen zur Gestaltung einer Zukunft, in der es sich gut leben lässt.

Martin Liebmann, im Juni 2021

Martin Liebmann, Jahrgang 1966, ist Philosoph, Buchautor (*Faul zu sein ist harte Arbeit – eine Ode an den Müßiggang* und *Gesellschaft ohne Haltegriffe – Werte im Widerspruch*) und Obmann des internationalen Vereins zur Verzögerung der Zeit. Sein Auto hat er in den letzten zwölf Monaten unbewegt stehen lassen.

Einführung

Zu Beginn spreche ich ein paar Hinweise aus. Der vorliegende Text ist keine Ratgeberlektüre. Denn damit würde ich behaupten, ich wüsste Bescheid. Das ist nicht der Fall. Tappen wir nicht jeden Tag im Dunkeln und lernen? Das Leben wird vorwärts gelebt und rückwärts verstanden. Oder wie es der im Oktober 2020 verstorbene Herbert Feuerstein treffend sagte: »Ich bin blöd, aber du auch – lass uns zusammen daraus Erkenntnisse ziehen.«

Mir ist bewusst, dass ich nur als privilegierter Mensch das Experiment *autofrei* angehen konnte. Viele von uns sind auf ihren Wagen angewiesen, weil sie sonst ihren Jobs nicht nachgehen könnten und ihnen Rücklagen für Investitionen in alternative Berufs- und Lebenswege fehlen. Ich bin dankbar, dass ich mir das Ausprobieren leisten kann, auch wenn ich hierfür weder Euro- noch Zeit-Millionär sein muss und bin.

Die Geschichte handelt weder von einer wissenschaftlichen Abhandlung noch basiert sie »auf allen Studien«, die es zu diesem Thema gibt, wie es etwa Bas Kast mit seinem Ernährungskompass verspricht. Das Buch erzählt nur ein ein-

11

ziges Experiment. Mein eigenes. Einen Selbstversuch mit ungewissem Ausgang. Von einer Nachahmung wird dringend abgeraten. Lassen Sie sich auf keinen Fall inspirieren und verkaufen Sie bloß nicht Ihr lieb gewonnenes Fahrzeug. Sie könnten die Erfahrung machen, dass Sie Jahre, Jahrzehnte oder sogar Ihr ganzes Leben auf dem Holzweg *gefahren* sind. Dass Sie sich viel zu lange selbst etwas vorgemacht und Offensichtliches verdrängt haben. Und dass es eine viel bessere Alternative gibt: ein autofreies Leben. So erging es mir.

Die Erfahrung der Selbst*wirksamkeit* hat nicht nur meinem Selbst*bewusstsein*, sondern auch meinem Selbst*vertrauen* erstaunliche Schubkraft verliehen. Diese war so enorm, dass sie mich zum Schreiben dieses Buches motiviert hat.

1 Altes Leben

Der Abschied

Am Ende stehe ich am Straßenrand und schaue Viktor hinterher. Er war in den letzten Jahren ein treuer Begleiter. Er half mir beim Entrümpeln des Kellers, bei wöchentlichen Einkaufstouren, brachte mich an den Strand von Bibione und wurde irgendwann sogar auf diesen Namen getauft: Viktor, mein erster Neuwagen. Die Ampel zeigt rot und der Fremde, der nun Viktor steuert, steht noch mal auf der Bremse. Die Rücklichter strahlen mich an. So verweilt er für diesen Moment in meinem Fokus, bis er um die Ecke biegt und aus meinem Blickfeld verschwindet. Weg ist er. Der Fremde, ein freundlicher Mitarbeiter eines Autohauses, war 350 Kilometer mit dem Zug angereist, um mein Auto abzuholen. Als wir zur Geldübergabe kurz zuvor im Wagen sitzen, zückt er mit einem Grinsen im Gesicht eine Tennistasche, aus der er keinen Schläger sondern einen Stoß Geldscheine zieht: »Das ist mein bewährtes Versteck für die vielen Taler. Zur Tarnung nutze ich stets diese Tennisschlägertasche«, erläutert er. Während ich die rechte Hand aufhalte, zähle ich mit ihm gemeinsam laut die Scheine, die er auf den grünen Stapel blättert. Bei achtundsechzig hören wir auf. Kurz denke ich an Bill Gates, denn so viel Kohle hat sich noch nie auf meiner Hand getürmt.

Als ich Viktor aus dem Blick verliere, grüble ich noch über die Tarnungstaktik des Abholers während seiner Anreise. Ein Krimineller hätte doch erkennen müssen, dass eine Tennistasche ohne weiteren Beutel mit Tennisschuhen oder Sportklamotten keinen Sinn ergibt und nur eine Tarnung für eine anstehende Geldübergabe infrage kommt. Zusätzlich plagt mich ein schlechtes Gewissen. Ich kann nur hoffen, dass Viktor nicht in einem Mardergebiet ohne Garage landet, denn sein Motorraum ist gefährdet. Dazu später mehr. Sei es drum. Es galt nun die Beute sicher nach Hause zu bekommen. Zu diesem Zeitpunkt lagen turbulente Wochen hinter mir. Wer hätte gedacht, dass diesem Tag des Abschieds so viele Hürden vorausgingen. Zwanzig Jahre hat es gedauert, bis ich aus dem Benziner ausstieg und einstieg: in ein Leben mit eingeschränkten Mobilitätsoptionen. Aber jetzt der Reihe nach.

Boeing 747

Drei Monate zuvor – im März 2019 – befinde ich mich auf dem Portugiesischen Jakobsweg. Als ich mich über meinen Reiseführer beuge und lese: »Auf der folgenden Strecke ist für Wanderer Vorsicht geboten. Denn an verschiedenen Engstellen gefährden schnell vorbeifahrende Autos die Fußgänger.« Ich kneife die Lippen zusammen und denke: »Ach, halb so wild. So schlimm wird es schon nicht werden.« Ein altes Muster, das Sie vielleicht auch kennen, wenn man Warnungen von anderen unter- und die eigenen Fähigkeiten überschätzt. Wenig später denken wir dann reumütig an die Prophezeiung und daran, wie berechtigt sie war. Exakt so ergeht es mir auch auf dem Weg zwischen den Dörfern Touguinha und Junqueria, nördlich von Porto, dem Start meiner 220 Kilometer langen Wanderung nach Santiago de Compostella. Die kleinen Dörfer erscheinen gottverlassen, nirgends sehen wir an diesem Morgen Menschen gehen. Die wenigen Häuser stehen eingebettet in Wiesen und Kieswege. Ein Ort der Stille und des Friedens, dachte ich zumindest. Denn mein Lächeln im Gesicht gefriert schlagartig und die Worte des Autors aus dem Reiseführer hallen durch meinen Kopf. Die schmale Straße ist wie eine Halfpipe geformt, da Mauern auf beiden Seiten Ausweichmöglichkeiten versperren. Sobald ein Wagen heranrast, presse ich mich und meinen Rucksack mit meinem Körpergewicht gegen die Steinwand, um nicht überfahren zu werden. Und je öfter sich diese Szene in den nächsten Minuten wiederholt, desto schneller komme ich zu der Einsicht: »Das ist in der Tat nicht ungefährlich.« Für die weitere Reise nehme ich mir vor, den Empfehlungen des Reiseführers mehr Glauben zu schenken.

Der Caminho Portuges führt mich weiter bis an die Grenze zu Spanien nach Tui. Der Weg erstreckt sich nun öfter über einsame Pfade und durch wilde Natur, die meine Sinne schärfen. Die Kontraste sind enorm. Stundenlang genieße ich den Duft von Lavendel, der in meine Nase steigt. Dann gehe ich ein paar Meter an einer Straße und kann jeden Diesel von einem Benziner unterscheiden. Ich höre vormittags den Wind durch die Eukalyptuswälder ziehen und nachmittags den Lärm des Verkehrs, wenn ich Landstraßen überquere. Es fühlt sich ungefähr so an, als würde man tagelang am Meer auf einer Sonnenliege tiefenentspannt dem Rauschen des Meeres lauschen. Und dann startet plötzlich wenige Meter über einem eine Boeing 747 mit ihren vier dröhnenden Triebwerken. Das kann ich nicht ignorieren, wegwischen oder verdrängen. Nicht mehr. Es ist da und wartet auf eine Antwort. So konnte es mir wahrscheinlich er*gehen*, weil mich meine eigenen Füße und Beine trugen. Etwa fünfundzwanzig Kilometer am Tag. Eine Er*fahrung* mit einem motorisierten Untersatz hätte mir diesmal nichts gebracht, da man im Innenraum einer Limousine keine Abgase riecht, (zumindest nicht die eigenen, sondern nur die der vor mir Fahrenden) und den Lärm durch ausreichend laute Musik kompensieren kann. Als Fußgänger nehme ich die Nuancen wahr, die keine Nuancen mehr sind, und dieses Wechselbad an Kontrasten tut richtig weh. Ich bin genervt von den tonnenschweren Monstern, die mir mein Naturerlebnis gefährden, jetzt wo ich ausnahmsweise einmal autofrei unterwegs bin. In mir regt sich Widerstand, und zwar gegen mich selbst. Mein Körper verspannt sich, irgendwas will da raus und signalisiert mir: »Nein, das darf nicht sein. Da muss doch jemand etwas dagegen tun!«

Zu diesem Zeitpunkt habe ich in meinem Leben selbst mehr als 150 000 Kilometer als Autofahrer zurückgelegt und mir wird schmerzlich bewusst, dass ich Teil des Problems bin und dieser *jemand* ich sein muss. Es war der Weckruf für eine Zeit, in der ich aufhörte, mir selbst etwas vorzumachen, und die systematische Verdrängung obsolet wurde.

Quatsch

Schnitt!« ist nicht nur im Film ein beliebtes Stilmittel. Gerade eben verkündete die Protagonistin noch, sie werde nach der Erfahrung mit dem letzten Hundling »nie wieder heiraten«. Schnitt! Eine Szene später steht sie ein weiteres Mal vor dem Traualtar. »Ja ich will, bis dass der Tod uns scheidet.«

Genauso ergeht es auch mir, nachdem ich wieder zu Hause bin. Die ruhige Insel des Pilgerwegs liegt hinter mir und die schnelle Turbine des Großstadtlebens saugt mich sofort wieder auf. Autofreies Leben? Wie soll ich dann meine Familie weit außerhalb der Stadt besuchen? Wie würde ich ohne die Freiheit leben, am Samstagmorgen um acht Uhr spontan ins Auto zu steigen und in die Berge zu fahren? Wie würde ich Großeinkäufe im Baumarkt bewältigen? Wie würde ich in den Urlaub Richtung Süden ans Meer kommen? Und überhaupt: Ich darf mir das leisten und damit auch gönnen, wie andere auch. Ich fahre bewusst einen umweltfreundlichen Kleinstwagen mit 4,5 Litern Benzinverbrauch, Bremsenergierückgewinnung sowie Energiesparreifen. Besser geht nicht! In meiner Heimatstadt München sind zu diesem

Zeitpunkt 830 000 Kraftfahrzeuge bei etwa genauso vielen Haushalten gemeldet. Aus gutem Grund! Denn – genauso bitter wie wahr – lässt es sich mit dem Auto im Vergleich zum ÖPNV kosten- und zeitgünstig durch die Stadt brausen. Die Parkgebühren sind ebenfalls geringer als der Preis für ein U-Bahn-Ticket. Kurzer Einschub: Liebe Politiker*innen & Lobbyist*innen & Bürger*innen, falls Sie das jetzt lesen, dann dürfen Sie gerne handeln oder sich für eine Änderung einsetzen.

Weiter im Text: Warum soll ausgerechnet ich autofrei leben? Das ist doch Quatsch! Vielleicht sprach auch mein Unterbewusstsein zu mir und erinnerte sich, wie alles vor mehr als zwei Jahrzehnten begann. An meinen Traum, endlich auch zu den Auserwählten zu gehören, die sich durch ein Mindestalter und eine Fahrlizenz qualifizierten, Automobile bewegen zu dürfen.

»Und wie viele Fahrstunden hast du gebraucht?« Führerscheinneulinge vergleichen gerne, wer es am schnellsten und kostengünstigsten zum damaligen »rosa Lappen« gebracht hat. Meistens bewegen sich die Antworten zwischen 30 und 50. Mit 14 Fahrstunden war ich Rekordhalter. Einen schelmischen Gruß an Ozzy Osbourne, der stolze 19-mal die praktische Fahrprüfung vergeigte. Heute müssen sich Autofahrer*innen in L.A. vor ihm in Acht nehmen, denn er ist mittlerweile im Besitz einer Fahrerlaubnis. Ehrlicherweise füge ich hinzu, dass ich damals bereits über ausreichend Vorerfahrung verfügte.

Im Alter von fünf Jahren durfte ich zum ersten Mal auf dem Schoß meiner Mutter eine Karre lenken. Mit elf Jahren steuerte ich das erste Mal alleine unseren Opel Kadett Caravan auf einem Bauernhof in Österreich. Dort verbrachten wir viele Ferien und ich nutzte verwaiste Feldwege für erste Fahrversuche. Die Hanglage war perfekt, um den »schwar-

21

zen Gürtel« des Fahrens zu erlangen: Anfahren am Berg. Also Gas geben, Kupplung kommen lassen, Handbremse lösen. Alles gleichzeitig und in der richtigen Dosierung. Der Motor heult entweder laut auf, wenn der rechte Fuß zu fest aufs Gas drückt, oder säuft ab, wenn er es zu sanft streichelt. Wenn der linke Fuß auf der Kupplung zu schnell ist, hüpft der Wagen katapultartig nach vorne. Wenn er sich zu langsam nach hinten bewegt, droht das teure Meisterstück der Ingenieurtechnik samt Fahrgast rückwärts den Hang herunterzurollen. Die Sommer in Tirol verflogen wie im Flug.

Auch meine Generation klebte bereits früh vor dem Fernseher, wo nicht nur Idole wie die Biene Maya, Nils Holgersson, Pippi Langstrumpf oder Michel aus Lönneberga, sondern auch »Götter« wie Michael Knight geboren wurden: »Er kommt, […] ein Auto, ein Computer, ein Mann. Ein Mann und sein Auto kämpfen gegen das Unrecht.« Gibt es etwas Cooleres als einen sprechenden Sportwagen, der mein bester Kumpel ist? Auch andere US-Erfolgsserien wären ohne vier Räder nicht denkbar gewesen. Erinnern wir uns an *Magnum* oder *Ein Colt für alle Fälle*. Und jetzt stellen Sie sich mal das *A-Team* vor, wie es auf E-Bikes klingelnd und winkend um die Ecke fährt!

Wer im eigenen Führerschein seinen achtzehnten Geburtstag als ersten Tag der Gültigkeit eingetragen sah, hatte wirklich alles richtig gemacht. So hatte man keinen Tag verschwendet, den man überwiegend sinnlos – denn ohne Auto – durch das Leben *gehen* musste. Auch das gelang mir. In der Schule waren dagegen andere Rekordhalter. Ich vollbrachte das Kunststück, im Alter von 18 Jahren immer noch in der 10. Klasse des Gymnasiums auszuharren. In meiner gesamten Jahrgangsstufe war ich zumindest der Einzige mit gültiger Fahrerlaubnis und durfte in den Pausen ausgewählte Mitschüler zum amerikanischen Schnellrestaurant kutschieren. In der Klassenhierarchie kletterte ich dadurch einige Stufen nach oben. So fühlte es sich zumindest an. Mit geschwollener Brust trug ich meinen Autoschlüssel als Trophäe in meiner Hosentasche. Ein Mann, ein Schlüssel, ein Wagen!

Leider konnte ich meinen Wettbewerbsvorteil nicht bei den Damen ausspielen und kann mich an keine einzige Mitschülerin erinnern, die zu dieser Zeit den Platz auf meinem Beifahrersitz einnahm. Der von mir verfasste, seitenlange Liebesbrief an » Johanna mit den blauen Augen « wurde leider nicht ernst genommen und brachte mich der Frau meiner Träume keinen Zentimeter näher. Warum habe ich damals nicht einfach gefragt: » Johanna, wie wär's, wenn ich dich am Wochenende mit dem Auto abhole und wir zum See fahren? « Der Mut hat mir gefehlt. Daher waren es meine Freunde, die mir damals bei den Spritztouren Gesellschaft leisteten.

Kurz vor dem Abitur fuhren wir zum ersten Mal ohne Eltern nach Italien an den Strand. Vincent will Meer! Wir waren zu fünft im Auto: Vier Jungs und ein Kasten Augustiner Bier! Unter dem Titel *Bibione 1999* sollte dieser Urlaub in die Annalen des Heranwachsens eingehen, wobei ich die Szenen, die sich damals nachts am Strand ereigneten, aus Scham nicht weiter ausführe. Nur so viel. In dieser Woche lief auf unserem CD-Player von morgens bis abends ein Lied mit dem passenden Titel *Blue (Da Ba Dee)*. Die drei Italiener von Eiffel 65 besingen darin das Lebensgefühl namens *Blue* eines typischen Mannes, der exakt drei Dinge zum Leben braucht: » A house, a girlfriend and a car (a blue corvett) «. Das Lied stand neun Wochen auf Platz 1 der deutschen Charts.

Im Leben verändern sich immer mal wieder Dinge, die schnell nicht mehr als Veränderung wahrgenommen werden, da sie einfach dazugehören. Die ersten grauen Haare, die

Kinder im eigenen Haushalt oder die Langeweile im Job. Der Mensch ist ein Gewohnheitstier. Eine meiner vielen Routinen war das Musikhören und Autofahren als Symbiose. Gibt es einen besseren Ort als das eigene Auto, um sein aktuelles Lieblingslied zu hören? Nein! Den Lautstärkeregler kann ich dort so ordentlich aufdrehen, dass es zu Hause bei meinen Nachbarn nach Millisekunden den Notruf auslösen würde. Die Boxen vibrieren fast hautnah, die Umgebung fliegt vorbei und ich drücke von Dopamin getränkt aufs Gas. Konsument*innen von Drogen müssen sich im Rausch ähnlich fühlen. Es gab immer genau ein Lieblingslied, das über Monate, teils Jahre beim Fahren aus den Boxen schallte. Der stürmische Sommer von Vivaldis *Vier Jahreszeiten* oder *Rythm is a Dancer* von Snap schafften es in meine Hall of Fame. Als kleines Schmankerl kann man zusätzlich ungeniert und lauthals zu den größten Trash-Hits aller Zeiten singen, was ansonsten nur unter der Dusche möglich ist.

Überall hin fahren zu können, machte einen Teil meiner Identität aus. Ich bin mobil, ich bin frei. Auf den Punkt der Freiheit werden wir später noch zu sprechen kommen. Über 20 Jahre lang lag der Autoschlüssel griffbereit auf der Ablage neben meiner Haustür. Bald werde ich ihn aus der Wohnung verbannt haben. Bis dahin war es jedoch noch ein langer Weg mit unzähligen Hürden. Vor allem in meinem Kopf. Schnitt!

Mehmet Scholl

Sind Ihnen Status und Prestige wichtig im Leben? Zeigen Sie gerne Ihre Stellung in der Gesellschaft durch käuflich erworbene Konsumartikel, die Sie vor anderen zur Schau stellen? Nein? Ich auch nicht. Genauso wenig sind wir Umweltverschmutzer*innen oder lesen die Bildzeitung! Das sind meist die anderen. Auch wenn wir es vermeiden möchten, so vergleichen wir uns doch automatisch mit Menschen aus unserem Umfeld.

Vor einigen Jahren führte die Universität Harvard ein Experiment mit erstaunlichem Ergebnis durch. Studierende wurden gefragt, ob sie 50 000 Dollar pro Jahr (Option A) verdienen wollen oder lieber 100 000 Dollar pro Jahr (Option B). Hier spricht erst einmal alles für Option B. Warum sollten sie auf die Hälfte verzichten? Allerdings gab es noch Kleingedrucktes: Bei Option A würden alle Menschen aus dem Umfeld der Studierenden, also Kommiliton*innen, Freund*innen, Nachbar*innen, etc. nur 25 000 Dollar pro Jahr, also die Hälfte des eigenen Einkommens, erhalten. Bei Option B dagegen würden die anderen das Doppelte, 200 000 Dollar pro Jahr, bekommen. Unter Berücksichtigung dieser

Bedingung entschied sich die Mehrheit der Harvard-Studierenden für den geringeren Betrag (Option A). Sie hätten auf 50 000 Dollar pro Jahr freiwillig verzichtet – nur damit sie doppelt so viel erhalten wie ihr persönliches Umfeld.[1]

Früher habe ich die schlimmsten Stunden im Jahr weit außerhalb der Stadt auf dem Land verbracht: beim Zahnarzt. Auf dem Praxisparkplatz stand immer der 5er BMW des Zahnarztes. Angesprochen auf seinen Wagen sprach dieser den legendären Satz aus: »Fahre ich ein billiges Auto, wird mir nachgesagt: Der arme Kerl kann sich kein ordentliches leisten. Fahre ich ein teures, sagen sie, der haut aber ganz schön aufs Blech.« Aus dieser Nummer komme ich als Autofahrer*in nicht heraus. Wir landen immer in einer Schublade, welche die Marketingexperten strategisch aufbereiten.

Für den Dacia SUV haben sich die Verkaufsexperten etwas ganz Besonderes einfallen lassen: das Auto ohne Statusanspruch. Werbefigur und Ex-Fußballer Mehmet Scholl sollte das Gefühl vermitteln, einen SUV ohne Prestige zu fahren und dadurch – was das Ganze ad absurdum führte – eine neue Art von Status zu erlangen. Und so lautet der Slogan passend: »Das Statussymbol für alle, die kein Statussymbol brauchen.« Jeder Wagen dieser Welt ist also mit einem besonderen »Brand« versehen, selbst wenn er vermeintlich darauf verzichtet. Greenpeace hat ein Werbeplakat mit dem Fußballer ironisch gestaltet, um auf die Platzproblematik von SUVs aufmerksam zu machen.

1   https://www.fastcompany.com/3006318/jonah-berger-explains-how-50k-salary-more-desirable-100k [Aufruf am 10. 10. 2020].

Laut einer deutschlandweiten Studie mit mehr als 2 000 Befragten entscheiden sich die Durchschnittsdeutschen alias Erika und Max Mustermann für die Marke Volkswagen. Diese Ottonormalverbraucher*innen gibt es übrigens fast

2   Bild-Quelle: Greenpeace Magazin: https://www.greenpeace-magazin.de/keine-anzeige/dacia [Aufruf am 7. 4. 2021].

überall auf der Welt. Sie haben nur andere Namen. In Italien ist es Pinco Pallino, in den USA John bzw. Jane Doe, in Polen Jan Kowalski und in Frankreich Monsieur Dupont. Durchschnitt halt. In Frankreich wird Herr Dupont wahrscheinlich Peugeot fahren. Dieselbe Studie verrät noch mehr: Frauen entscheiden sich für die Marken Mini oder Fiat und ältere Menschen für Mercedes. Opelfahrer*innen gelten als »überdurchschnittlich unattraktiv«. Ein Opel war auch mein erstes Auto und hat übrigens den gleichen Imagewert wie ein Mallorca-Urlaub. Wer dagegen einen Mercedes sein Eigen nennt, darf sich dem Imagewert eines Seychellen-Urlaubs oder Tickets für ein Fußball-WM-Finale ebenbürtig fühlen.

Allerdings sprechen wir hier über rein subjektive Wahrnehmungen der Befragten. Viel spannender wäre es, wenn wir tatsächliche Persönlichkeitsmerkmale einzelnen Marken zuordnen könnten.

Wenn ich mit meinem Fahrrad in der Stadt unterwegs bin, beobachte ich gerne die Fahrweise mancher Autofahrer*innen. Eine Vorahnung beschlich mich dabei immer wieder: Aggressive »Idioten« fahren meist die großen Schlitten! Der schwedische Professor für Sozialpsychologie Jan-Erik Lönnqvist von der Universität in Helsinki wollte es genau wissen. Er untersuchte exakt diese Frage, denn auch ihm war der Zusammenhang zwischen Autogröße und Rücksichtslosigkeit aufgefallen. Die Auswertung der Studie, die im renommierten Fachmagazin *International Journal of Psychology* veröffentlicht wurde, stützt die persönliche Wahrnehmung des Professors. Egozentrische Männer, die argumentativ hartnäckig, unangenehm und nicht einfühlsam sind, besitzen mit hoher Wahrscheinlichkeit ein prestigeträchtiges Auto der Marken Audi, BMW oder Mercedes. Diese von anderen als unangenehm empfundenen Persönlichkeitsmerkmale hängen direkt zusammen mit dem Wunsch nach hochpreisigen Produkten und dem Hang, gegen (Verkehrs)-Regeln zu verstoßen. »Sie fühlen sich anderen überlegen und wollen das auch zeigen«, resümiert Lönnqvist. Übrigens, einen Zusammenhang zwischen egozentrischer Persönlichkeit und dem Fahren eines deutschen Premiumautos konnte der Schwede nur bei Männern feststellen. Autos als Statussymbole haben für Frauen, so das Ergebnis, nicht den gleichen Stellenwert wie für Männer.[3] Apropos, Männer kennen ihren Wagen sogar besser als sich selbst: »So wissen 91 %, wie viel ihr Fahrzeug verbraucht, dagegen kennen nur 58 % ihre Blutgruppe und nur 43 % der Männer ihren Cholesterinwert.«[4]

Viktor – mein letzter Wagen – war ein Skoda, der absolut meinem angestrebten Image entsprach. Er war vor allem pragmatisch, da er gute Qualität mit hervorragendem Preis-Leistungs-Verhältnis vereinte. Volkswagen fahren und dabei auch noch Geld sparen. Dieselskandal, Abgasbetrug, Etikettenschwindel und inhaftierte Automanager schaden dem Status nicht. Klick, und schon lag mein erster Neuwagen – zusammen mit dem Gefühl, die richtige Entscheidung getroffen zu haben – im Warenkorb. Damit – so meine Überzeugung – konnte ich mich vor mir und anderen sehen lassen.

Sind wir als Menschen nicht einfach gestrickte Wesen? Falls das auf Sie nicht zutreffen sollte, sprechen wir einfach von mir. Nicht nur in der Schule, sondern auch im weiteren Verlauf meines Lebens bildete ich mir ein, jemand würde sich für mein Auto interessieren. Zum einen war es vielleicht mein Ziel, Nachbarn zu beeindrucken, später kamen Arbeitskolleg*innen, Freund*innen, Familie oder Fremde dazu. Und wen möchte ich als Mann am allermeisten beein-

3   https://www.auto-motor-und-sport.de/verkehr/kaeufer-von-audi-bmw-und-co-fiese-fahrer-oder-gute-menschen [Aufruf am 16. 9. 2020]
4   https://www.ruhrnachrichten.de/Nachrichten/Maenner-kennen-ihr-Auto-oft-besser-als-ihren-Koerper-823115.html [Aufruf am 7. 4. 2021].

drucken? Wahrscheinlich die Objekte meiner größten Sehnsüchte. Denn ein Wagen ist nicht nur ein Statussymbol, sondern erweitert auch den Radius gemeinsamer Reisen. Also, wenn das kein Pluspunkt ist?

Caro – meine »Traumfrau« – ist bildhübsch, klug und schaffte es stets, mich mit ihrer Ausstrahlung und dem Klang ihrer Stimme zu verzaubern. Obwohl sie mich innerhalb von sechs Jahren bereits zweimal abblitzen ließ, tippte ich, nachdem wir uns zwei Jahre nicht gesehen haben, in einem schwachen Moment in mein Handy: »Hi Caro, wie geht es dir? Hast du mal Lust auf ein leckeres Eis?« Noch am gleichen Tag antwortet sie: »Hi Vincent, cool, dass du dich meldest. Lass uns gerne mal ein Eis essen gehen. LG Caro.« Im dritten Anlauf möchte ich es richtig machen. Das Eis mit ihr läuft grandios, genauso wie die Fahrradtour in einen Biergarten. Als sie mir einige Tage später schreibt, ob wir nicht einmal gemeinsam zum Wandern in die Berge fahren, springe ich vor Glück fast aus dem Fenster. Diese Nachricht lässt mich innerlich schier explodieren. Sie möchte etwas mit mir unternehmen! Während des anschließenden Telefonats fragt Caro, ob wir ein Auto für unseren Ausflug *leihen* sollten? Sie hat keinen eigenen Wagen. Stolz entgegne ich: »Nein, das ist nicht nötig. Ich habe doch ein Auto! Alles ist da.« Obwohl es gar nicht so lange her ist, war ich damals tatsächlich noch der Überzeugung, mich aufgrund meines eigenen Autos rühmen zu können. Ich glaubte zudem, dass es mir gar Vorteile für das Werben um Caro verschaffte.

Pünktlich um neun Uhr hole ich Caro von der U-Bahn ab und wir starten gemeinsam in die Berge. Die Stimmung ist hervorragend und sie hat Brotzeit für uns beide mitgebracht. Als wir nach der Wanderung in einen Biergarten mit herrlichem Blick über einen See einkehren, frage ich sie: »Magst du für die Rückfahrt am Steuer sitzen?« Sie strahlt mich an:

»Ja klar, aber ich kann für nichts garantieren. Denn ich bin seit Jahren an keinem Steuer mehr gesessen.« Worauf ich ermutige: »Das schaffst du schon. Außerdem hat der Automatik, das ist wie Autoscooter fahren.« Normalerweise ist mir der liebste Mensch am Lenker eines Fahrzeugs ich selbst. Bei Caro mache ich gerne eine Ausnahme, auch um ihr mein Vertrauen zu demonstrieren. Und selbst wenn sie Viktor in einen Haufen Schrott verwandeln würde, könnte ich ihr das sofort verzeihen. Und was hat es mir gebracht?

Nichts. Der Kontakt bekommt mehr Pausen und das Warten auf die Beantwortung meiner Nachrichten quält mich bis an die Schmerzgrenze. In dieser dritten Runde des Werbens trifft es mich am stärksten, weil wir viel Zeit miteinander verbracht hatten. Einige Monate später taucht ihr Bild auf einem Datingportal auf.

Die Erfahrung hat mich zwei Dinge auf bittere Weise gelehrt, die eigentlich offensichtlich sind.

Zum einen bringt es nichts, jemandem hinterherzufahren, der etwas anderes vorhat als den gemeinsamen Weg zu gehen. Zum anderen hat mir mein Auto in dieser Geschichte nicht zum Happy End verholfen. Der Wirklichkeitstest war eindeutig: Prestige und Status haben im entscheidenden Moment versagt.

35 Liter Milch

Als ich ungefähr acht Jahre alt war, hörte ich zum ersten Mal vom Klimawandel und von globaler Erderwärmung. Offenbar hatten das Menschen durch ihre Lebensweise gemacht. Mir wurde gesagt, ich solle das Licht ausmachen, um Energie zu sparen. Ich erinnere mich, dass ich es sehr seltsam fand, dass Menschen, die eine Spezies von vielen sind, dazu fähig sind, das Erdklima zu verändern. Denn wenn wir es wären und es tatsächlich geschah, dann würden wir doch über nichts anderes sprechen. Im Fernsehen würde es nur darum gehen. Schlagzeilen, Radio, Zeitungen – wir würden von nichts anderem hören oder lesen, so als wäre ein Weltkrieg ausgebrochen. Aber niemand sprach darüber. Wenn das Verbrennen fossiler Brennstoffe so schädlich war, dass es unsere Existenz bedrohte, wie konnten wir dann so weitermachen wie bisher? Warum gab es keine Beschränkungen? Warum wurde es nicht für illegal erklärt? Für mich ergab das keinen Sinn. Es war unwirklich.«

—Greta Thunberg, TEDx Stockholm, 2018

Greenline, Ecoflex, Bluemotion, Efficient Dynamics. Für unser gutes Gewissen lassen sich die Marketingstrategen der Automobilkonzerne einiges einfallen. Die Titel mancher Modelle suggerieren, dass wir der Natur mit unserem Kauf sogar etwas Gutes tun. Umweltfreundlich eben. Kauft Leute! So viel wie euer Kontostand oder Kreditrahmen zulassen! Kauf dich glücklich! Wie wäre es mit einem »umweltfreundlichen« Zweit- oder Drittwagen, falls noch Platz in der Garage ist? Auch ich war stolz, mich für einen der »grünsten« Benziner der Welt entschieden zu haben. Ein Kleinstwagen mit 4,5 Litern Benzinverbrauch, Bremsenergierückgewinnung sowie Energiesparreifen. Ja, ich war einer von den Guten! Herzlichen Gruß an alle SUV-Fahrer*innen. Ich fahre ja nur einen Klein- oder Mittelklassewagen und keinen SUV. Der SUV-Fahrer beruhigt sich damit: »Mein Auto ist genauso lang wie ein VW Passat Kombi und braucht, laut Herstellerangabe, auch nicht viel mehr Benzin. Außerdem fahre ich ja auch oft mit dem Fahrrad zum Bäcker, was mein Nachbar übrigens nicht macht.« Die Benzinfahrerin sagt: »Ich fahre zumindest keinen Diesel-Stinker.« Der Dieselfahrer überzeugt sein Gewissen mit: »Meiner braucht weniger Treibstoff auf 100 Kilometern als der Benziner und verursacht weniger Feinstaub.« Die Elektrofahrerin ist sowieso der Superstar und poliert sich mit dem von unserer Generation gefeierten, von Elon Musk erbauten Tesla das eigene Image auf. Der Rentner sagt: »Also in meinem Alter kann ich auf ein Auto nicht verzichten.« Der junge Mensch sagt: »Also in meinem Alter ist mir Mobilität wichtig.« Die Familie sagt: »Als Familie brauchen wir einfach ein Auto.« Der Landmensch sagt: »Auf dem Land geht es ohne halt nicht.« Die ehemalige Außendienstlerin beruhigt sich mit: »Ich fahre gerade einmal 15 000 Kilometer im Jahr. Früher war es das Doppelte.«

Wenn wir alle unser Auto abgeben würden, was würde dann mit den Tausenden von Arbeitsplätzen in Deutschland passieren? Auch Flugreisen dürfen wir deshalb bloß nicht durch eine Kerosinsteuer verteuern. Sie sind essenziell für den kulturellen Austausch und die Menschen in ärmeren Ländern brauchen doch den Tourismus für das nackte Überleben. Außerdem wäre das sozial ungerecht, wenn sich nur Reiche so etwas leisten könnten!

Die Liste solcher Argumentationen ist endlos. Der Trick ist meist der gleiche: Das Schädliche wird mit etwas vermeintlich noch Schädlicherem relativiert oder mit sozialer Ungerechtigkeit begründet. Am Ende entsteht das Gefühl, das »Richtige« zu tun. Und wer zieht am Verhandlungstisch meist den Kürzeren? Unsere Lebensgrundlage, die Natur.

Fakt ist: Eine tonnenschwere Maschine, wie ein Auto, ist niemals umwelt*freundlich*. Die eine ist vielleicht weniger umwelt*schädlich* als die andere. Das stimmt.

Vor Kurzem ist mir beim Anblick von Werbeanzeigen für Automobile etwas aufgefallen. Auf keiner der unzähligen und wundervoll designten Werbeplakate war auch nur ein einziger Tankdeckel abgebildet. Vielleicht ein Zufall? Ich blättere eine Zeitschrift nach der anderen durch und scanne Internetauftritte der Autobauer. Nirgends entdecke ich auch nur einen Tankdeckel! Das Auto wird immer von seiner »schönen« Seite gezeigt, auf der eben keine Öffnung zu sehen ist. Sollen wir etwa vergessen oder zumindest nicht daran erinnert werden, dass die Karre ohne fossile Energie, also die Ausbeutung von Rohstoffen, die über hunderttausende Jahre entstanden und innerhalb weniger Dekaden von uns verfeuert werden, keinen Meter zurücklegt? Eine Ausnahme stellen E-Autos dar. Hier symbolisiert der Tankstutzen Fortschritt und wird auf den Bildern fast immer gezeigt. Die Thematik »mit dem E-Auto in die Sackgasse« beleuchten wir an späterer Stelle.

Können Sie sich vorstellen, jede Woche 35 Liter Milch aus dem Supermarkt nach Hause zu schleppen? Oder erscheint Ihnen das selbst als Großfamilie etwas üppig? Können Sie sich dagegen vorstellen, Ihr Fahrzeug jede Woche mit 35 Litern Treibstoff zu betanken? Das vielleicht schon eher, nicht wahr? Wie oft griff ich an der Tankstelle zum Zapfhahn und steckte ihn in den Tankstutzen. Mein Blick fokussierte dabei lediglich die Zahlen, die auf dem Display aufleuchteten und nach oben schnellten. Habe ich wirklich die günstigste Tanke erwischt? Als Tankprofi brachte meine rechte Hand mit viel Gefühl den Endbetrag auf eine gerade Zahl. Niemals dachte ich darüber nach, wie viel diese 35 Liter eigentlich sind, die gerade in den Untiefen des Tanks verschwanden. Bei Uhren mit besonders ausgefallenen Uhrwerken, kann man den Antrieb von außen sehen, weil er Prestige darstellt. Was wäre, wenn wir auch den Tank unseres Wagens von außen sehen könnten, weil er zum Beispiel aus Plexiglas wäre? Würden wir uns in diesem Fall mehr Gedanken darüber machen, wie viel Treibstoff wir in einer Woche verfahren, wie viel in einem Monat, einem Jahr oder Leben? Nein. Das möchte ich gar nicht sehen und wissen. Die Karre fährt doch augenscheinlich von alleine, wenn ich auf das Gaspedal trete. Es ist normal. Und wie lange ist es das bereits?

Meine Großmutter erzählt gerne die Geschichte, wie sie als junge Frau täglich mit dem Zug aus ihrem kleinen Dorf namens Pasing nach München fuhr, wo sie arbeitete. Wir schreiben das Jahr 1938. Auf der Fahrt überblickt sie weite Wiesen und Staubpisten, auf denen sich wenige Autos durch die Felder schieben. In Deutschland sind zu dieser Zeit mehr Motorräder als Autos angemeldet. Jeweils weniger als eine Million. Unvorstellbar erschien es meiner Großmutter, dass in wenigen Jahrzehnten die gesamt Strecke zwischen Pasing und München asphaltiert sein würde und nicht nur eine

Handvoll, sondern tausende motorisierte Fahrzeuge darüberrollen würden. Pasing ist heute kein Dorf auf dem Land mehr, sondern ein Stadtteil von München. Meine Großmutter war damals kaum älter als Greta heute und die Entwicklung nahm gerade Fahrt auf. Nun ist das »House on Fire«.

Die Stadt der Engel

Seit meinem 18. Geburtstag fuhr ich Auto. Wenn ich an die letzten zwei Jahrzehnte denke, gab es immer eine Möglichkeit, den Schlüssel in die Zündung zu stecken, um den Motor zu starten und jedes beliebige Ziel in mein Navi einzutippen. Zumindest fühlt es sich so an. Nur mein Gefühl täuscht mich. Während des Studiums war ich insgesamt zwei Jahre im Ausland. In England, Kanada und Thailand studierte ich oder absolvierte Praktika. Immer autofrei. Niemals bin ich damals auf die Idee gekommen, mir für einen Auslandsaufenthalt einen Flitzer zu kaufen oder zu leihen. Die in Stein gehauene Regel, ein motorisiertes Fortbewegungsmittel sei für mein Leben absolut notwendig, galt plötzlich nicht mehr. Nur warum eigentlich nicht? Dachte ich damals, die paar Monate oder das halbe Jahr könnte ich mal auf ein Auto verzichten? Oder das würde sich nicht lohnen? Oder sei zu teuer? War es meine Angst vor lokalen Fahrgewohnheiten? In der Tat verhält sich der Verkehr hierzulande im Vergleich zu dem in Bangkok wie ein braver Pudel zu einem bissigen Rottweiler. Dort herrschen andere Gesetze als die unserer Straßenverkehrsordnung.

Die thailändische Megacity wirkte auf mich wie ein Moloch, der überwiegend aus Beton und Autoverkehr besteht. Bürgersteige? Fahrradwege? Fehlanzeige! Nach einigen Wochen Leben im Megacity-Dschungel lechzte ich nach einer grünen Oase. So breitete ich die Stadtkarte auf dem Boden meines Apartments aus und mein Blick schweifte von unten nach oben, wo sich der Fluss Chao Phraya seinen Weg durch die stark zugebaute Stadt schlängelt. Von links nach rechts, wo die Viertel, beginnend mit China Town, wenige bis keine Grünflächen vorweisen. Alles grau in grau, so wie ich es aus der »Stadt der Engel« kannte. Irgendwo muss doch so etwas wie ein Park zu finden sein? Ich war fassungslos. Es war wie die Suche nach der verlorenen Kontaktlinse am Strand. Exakt einen größeren Park gab es, zumindest sah es so aus. So tingelte ich durch die halbe Stadt, um diesen heiligen Ort aufzusuchen. Dort angekommen stand ich vor einem riesigen vergitterten Tor. Es war der Palast des Königs Bhumibol. Dort lebte er mit seinen weißen Elefanten. Ja, das machte Sinn und ich hätte mir als König denselben Ort auserwählt. An dem Tor endete auch meine Reise und die Sehnsucht nach Grünflächen mit Blumen und Schmetterlingen blieb ungestillt. König Bhumibol sorgte übrigens dafür, dass in ganz Thailand Linksverkehr gilt, was einen trivialen Grund hat: Sein britischer Rolls Royce hatte sein Lenkrad auf der rechten Seite.

Nein, in dieser Megacity war an Autofahren wirklich nicht zu denken. Vielleicht dachte ich damals deshalb auch, ich bräuchte einfach keinen Flitzer. Ich krame in den Untiefen meiner Erinnerung nach Antworten, nur herrscht dort gähnende Leere. Nur einige Blitze schlagen in meine Erinnerung ein.

Als ich in England studierte, gab es in der Tat eine Kommilitonin, die ihren alten 3er BMW bis auf die Insel kutschierte. An einem Wochenende fuhren wir alle gemeinsam ans Meer. Mir schien das abwegig. Wieso sollte ich auf die »kleine Insel« Großbritannien den fahrbaren Untersatz mitführen? Die Fahrt würde viele Kilometer fressen und dort würde es nur parken. Bei allen Auslandsaufenthalten waren meine eigenen Füße, Bus, Bahn oder Boot meine liebsten Transportmittel. Es würde ein eigenes Buch füllen, wenn ich alle Erlebnisse von damals zusammentragen würde. Habe ich den Rußverteiler jemals nur eine Sekunde vermisst? Nein! Bin ich jemals irgendwo nicht hingekommen, weil kein Auto verfügbar war? Auch nein! Eigentlich hätte mir damals spätestens nach meiner Rückkehr bewusst werden müssen, dass meine Herangehensweise *Inland = Auto notwendig* und *Ausland = Auto nicht notwendig* jeglicher Logik entbehrte. Erst heute, über ein Jahrzehnt später, schüttle ich über mich selbst den Kopf.

Michael

Gibt es etwas Wichtigeres in unserem Leben als saubere Luft? Wir atmen etwa 20 000 Mal pro Tag. Welche Substanzen in unseren Lungen landen, spüren wir nicht. Falls Sie in der Nähe einer stark befahrenen Straße wohnen, können Sie folgendes Experiment durchführen. Sie besorgen sich eine Beatmungsmaschine und spannen einen weißen Mundschutz davor. Beides stellen Sie an Ihr offenes Fenster. Nun lassen Sie die Maschine 20 000 Mal atmen, was also einer Tagesdosis Luft in unserer Lunge entspricht. Was wird passieren? Ihr Mundschutz wird seine Farbe von Schneeweiß zu Hellgrau verwandelt haben. Damit können wir uns gut vorstellen, was in der eigenen Lunge hängen bleibt. Da gibt es nichts wirklich schön zu reden, denken Sie sich vielleicht. Ein Irrtum, wie ich selbst feststellen durfte. Hierzu meine Begegnung mit Michael:

Ich befinde mich auf dem französischen Weitwanderweg GR65, auf dem in diesem Herbst nur wenige Mitstreiter*innen anzutreffen sind. Kurz vor dem Abstieg in das Dorf Figeac treffe ich unerwartet einen der wenigen Deutschen auf dem Weg. Michael erzählt mir von seinem 15 Kilogramm

40

schweren Rucksack und den Blasen an seinen Füßen, die ihn »keinen Meter weitertragen werden«. Nun wartet er auf das Taxi.

Schnell wendet sich unser Plausch und wird politisch. Die Diskussionsfronten sind klar verteilt: Ich bin Verfechter des *So-kann-es-nicht-weitergehen*. Er nimmt die Gegenposition *ist-doch-alles-halb-so-wild* ein. Es geht hin und her mit den Argumenten. Ich hole zu einer Lobrede auf Fridays for Future aus und zitiere anschließend das Experiment mit der Beatmungsmaschine, wie gerade beschrieben. Mein Ziel ist, ihn Schachmatt zu setzen. Es stellt sich heraus, dass Michael als Ingenieur bei einem Automobilkonzern tätig ist. Mit stoischer Ruhe kontert er meine Bestürztheit: »Alles was in dem Mundschutz sichtbar wird, sind große Rußpartikel. Diese kann die Lunge problemlos abbauen. Viel gefährlicher sind Feinstaubpartikel. Unsere Lunge kann sie kaum ausscheiden oder zerlegen und es können Schäden oder Krebs entstehen.« Ach echt?, denke ich mir und gebe verdattert, sprachlos und unfähig zu reagieren an dieser Stelle auf, verabschiede mich freundlich von Michael, wünsche ihm sowie seinen Blasen gute Besserung und ziehe weiter.

In der Tat hat mich Michael für einen Moment beruhigt. Na, wenn das graue Zeug in der Maske nicht das Problem ist, dann hat das Vorteile. Nicht wahr? Leider nein. Wenn wir uns die Hand an der heißen Herdplatte verbrennen oder mit dem Messer beim Zwiebelschneiden die Fingerkuppe wegrasieren, dann wissen wir, was zu tun ist. Wir handeln sofort. Allerdings reagieren wir überraschenderweise nicht oder zu träge, wenn wir lesen:

»Der Straßenverkehr stellt eine zentrale Quelle für die Luftverschmutzung vor allem in Städten dar. Die Emission von Stickstoffoxiden führten in Großstädten zu Sommersmog. Insbesondere Stickstoffdioxid (NO_2) reizt und schä-

digt die Atmungsorgane der Menschen. Stickstoffoxide sind außerdem maßgeblich verantwortlich für sauren Regen sowie Feinstaub. Der Europäischen Kommission zufolge sterben in der EU mehr Menschen an den Folgen von Luftverschmutzung als durch Unfälle im Straßenverkehr.« [5]

Abgase riechen wir kaum, weil wir uns an den Gestank gewöhnt haben, wir sehen keinen Qualm aus den Auspuffen kommen, Langzeitschäden entstehen unbemerkt. Und alle anderen fahren ja auch. Dann kann es gar nicht so schlimm sein. Um unsere Arbeitsplätze zu schützen, haben die Lobbyisten der Automobilindustrie bisher viele Erfolge gefeiert. Dagegen mussten die Tabakkonzerne zuletzt ziemlich einstecken, nachdem sie lange erfolgreich gegen Einschränkungen und Warnschilder gekämpft hatten. Verrauchte Gaststätten und Discos, die noch vor wenigen Jahrzehnten absolut normal waren, wurden weitestgehend abgeschafft, was seitdem *normal* ist. Auf jeder Zigarettenschachtel prangen riesige Krebsgeschwüre, die selbst Nichtraucher wie mich in der Supermarktschlange zusammenzucken lassen. Eine Studie des Deutschen Zentrums für Herz-Kreislauf-Forschung kommt zu dem Ergebnis, dass durch Luftverschmutzung mehr Menschen zu Tode kommen als durch das Rauchen. [6] Hier erlaube ich mir, die naiv klingende, aber vielleicht berechtigte Frage zu stellen: Wieso gibt es keine Warnungen auf Autos wie auf Zigarettenschachteln? »Achtung: Die Abgase dieses Fahrzeugs sind tödlich!« oder »Feinstaub kann Lungenkrebs auslösen« oder »Stickstoffoxide dieses Diesels

5   https://www.bpb.de/gesellschaft/umwelt/anthropo-
zaen/256766/transport [Aufruf am 10. 4. 2021].
6   https://www.pharmazeutische-zeitung.de/mehr-tote-durch-luftver-
schmutzung-als-durch-rauchen;
https://academic.oup.com/eurheartj/article/40/20/1590/5372326 [Aufruf
am 10. 10. 2020].

verursachen schwere Atemwegserkrankungen«. In Deutschland sterben laut dieser Studie 124 000 Menschen jedes Jahr an den Folgen von Luftverschmutzung. Sie und ich atmen jeden Tag 20 000 Mal. Auch heute.

Der Vulkan

Nach der Rückkehr von meiner Pilgerreise war die Euphorie, autofrei zu leben, abrupt verflogen. Nur am Horizont stand noch ein Leuchtturm im Nebel, dessen Konturen immer wieder sichtbar wurden und mich daran erinnern sollten, welche Vision in mir arbeitete. So fiel mir immer öfter auf, wie viele Menschen in meinem Umfeld ausschließlich zu Fuß, mit dem Rad, der Bahn oder ausnahmsweise mit dem Flugzeug ihre Standorte wechselten. Viele lebten autofrei. Was unterschied deren Leben von meinem?

In meinem Freundeskreis gibt es beispielsweise Judith, die noch nie ein Kraftfahrzeug besaß, zu allen vier Jahreszeiten mit dem Rad durch die Stadt düst, am liebsten mit dem Bus nach Italien oder mit dem Zug nach Frankreich reist und nur in absoluten Ausnahmesituationen den alten Peugeot ihrer Mutter ausleiht. Erst letzte Woche habe ich eine Karte von ihr aus dem Urlaub auf Sardinien bekommen. Sie beschreibt, wie es sie zusammen mit ihrem Freund in das entlegene Dorf Baunei im Osten der Insel verschlagen hat, wo normalerweise 100 Prozent aller Touristen einen Mietwagen nehmen. Wie sonst könnte man die Attraktionen der großen Insel erkunden? Nicht so Judith und ihr Freund. Die Anfahrt mit dem Bus und viermal Umsteigen glich einem kleinen Abenteuer. Anschließend genossen sie die Entschleunigung und blieben auch dort autofrei, was bei den Dorfbewohnern zu fassungslosen Gesichtern führte.

Philipp arbeitet zwar just bei einem großen bayerischen Automobilkonzern mit drei Buchstaben, hat aber ebenfalls nie ein Auto besessen. Sein Lieblingsland ist Italien, wo er sein Erasmus-Studienjahr verbrachte und das er bis heute mit Bahn oder Bus bereist. Er stand zwar einige Male vor der Frage, ob er ein Auto brauche, hat sie sich jedoch immer folgendermaßen beantwortet: Zur Not könne er das Fahrzeug seiner Eltern leihen – was er bisher nie tat.

Jonas, mit dem ich aufgewachsen bin, nannte ebenfalls nie ein Auto sein Eigen. Er hat es immer genossen, von mir nach Italien kutschiert zu werden. Aus seiner Sicht reicht in der Stadt ein Fahrrad.

Katrin, die ebenso am liebsten mit dem Fahrrad durch die Stadt strampelt, lebt selbst mit ihrem Nachwuchs weiterhin glücklich ohne Auto. Warum zähle ich sie alle auf? Weil sie alle schon lange autofrei leben!

Nur aus welchen Gründen war mein eigenes Bedürfnis nach Autofreiheit deutlich geringer als bei anderen? Und wieso schaffen es die 47,7 Millionen Fahrzeughalter*innen in Deutschland bei etwa 40 Millionen Haushalten nicht *ohne* durch das Leben zu *gehen*? Ich vermute, es ergeben sich Parallelen zum Rauchen. Solange wir nicht angefangen haben, vermissen wir nichts. Sobald uns die Sucht erwischt hat, wird der Ausstieg ein hartes Geschäft. Seit meinem 18. Geburtstag gehörte das Auto zu mir wie mein Geldbeutel oder Hausschlüssel.

Eine Ausnahme stellen Lui und Dave dar. Sie wurden in jungen Jahren nicht angefixt und haben auch später als Paar jahrelang zentral in der Stadt autofrei gelebt. Stattdessen waren sie bekannt für ihre ausgefallenen Radreisen durch Sri Lanka, Taiwan oder zum Nordkap. Erst als der kleine Fritz ihr Leben bereicherte, haben sie sich ein Auto zugelegt. In einem Interview erläutert Lui den Abschied vom autofreien Leben: »Wir leben nun mit Kind außerhalb der Stadt, wo es weder Car-Sharing-Angebote noch einen Autoverleih gibt.« Die Eltern wohnen darüber hinaus 30 Kilometer entfernt und die S-Bahnhaltestelle ist nicht barrierefrei, was mit Kinderwagen beschwerlich ist. Zu den Schwiegereltern sind es sogar 93 Kilometer: »Da ich mein ganzes Leben Fahrrad gefahren bin, bleibt das Auto meist in der Garage. Einkäufe, das Pendeln zur Arbeit oder Fritz in die Kita fahren machen wir mit dem Rad.« In einem weiteren Gespräch legt Lui noch mal nach und verkündet:

»Die zufriedensten Momente meines Lebens erlebte ich auf dem Rad.«

An dieser Stelle gebe ich das Wort auch aufgrund eigener Erfahrung an die Fahrradlobby ab:

»*Glück kann man nicht kaufen, ein Fahrrad schon.*«
—ADFC e.V.

Von all diesen Menschen hörte ich niemals, dass sie an ihrem Mobilitätskonzept zu Gunsten eines Verbrenners etwas ändern wollten. Alle schienen nichts zu vermissen! Sie wurden zu meinen Vorbildern. Warum war das für mich nicht möglich?

Eines Tages erzählte mir ein Kumpel von einem befreundeten Pärchen. Beide hätten einen guten Job, seien Eltern eines Kindes und lebten autofrei. Mir ist unklar, wieso genau diese Nachricht mein inneres Fass zum Überlaufen brachte. Vielleicht, weil sie als Familie verzichteten? Oder weil er ausgerechnet beim ADAC arbeitete? Auf jeden Fall war es in diesem Augenblick soweit. Aus mir schoss es wie ein Vulkan:

Es muss auch für mich möglich sein, autofrei zu leben. Basta! Mein innerer Kritiker, der vor Kurzem noch tönte: Wie soll ich dann meine Familie weit außerhalb der Stadt besuchen? Wie würde ich ohne die Freiheit leben, am Samstagmorgen um acht Uhr spontan ins Auto zu steigen und in die Berge zu fahren? Wie würde ich Großeinkäufe beim Baumarkt bewältigen? Wie würde ich in den Urlaub Richtung Süden ans Meer kommen? Er war still geworden.

Das entscheidende Wort, das mich über die Schwelle trug, war *ausprobieren*. Selbst wenn mein Vorhaben scheitern würde, könnte ich am Rad der Zeit drehen und mir wieder einen Blechkasten kaufen. Die Automobilkonzerne würden weiterhin auf mich warten. Und plötzlich war die Euphorie wieder da: Komm jetzt endlich in die Puschen Freundchen!

2 Übergang

Der Sand am Meer

Meine Entscheidung war nun endgültig gefallen. Viktor und ich mussten getrennte Wege gehen bzw. fahren. Gerade mal vier Jahre waren nach der Neuzulassung vergangen: aus erster Hand, Scheckheft gepflegt und wenig gefahren. Viktor würden sie mir aus den Händen reißen! Zumindest dachte ich das. Als Neuling im Business der Autoverkäufer beging ich alle möglichen Fehler.

»Sometimes you win, sometimes you learn.«

Der erste Denkfehler war offensichtlich und mir trotzdem nicht bewusst: Es gibt Autos wie Sand am Meer und niemand hat auf Viktor gewartet! Zusätzlich bin ich auf das in der Psychologie als *Besitztumseffekt* beschriebene Phänomen reingefallen. Dieses besagt, dass man Dinge als wertvoller einschätzt, wenn man sie selbst besitzt. Heißt: Mein Auto ist mehr wert als andere! Leider nein. Der dritte Fehler war der naive Glaube, das Autohaus, das mir Viktor ausgeliefert hatte, würde ihn mir für einen ehrlichen Preis wieder abnehmen. 4 100 Euro lautete das »faire« Angebot nach »eingehender Prüfung«. Ich war schockiert. Ein Neuwagen, der laut Liste 13 100 Euro gekostet hatte, sollte nach vier Jahren nur noch ein Drittel wert sein? Autsch! Das tat weh im Geldbeutel und ich fühlte mich veräppelt. Ich musste an den Satz meines älteren Onkels denken, der gerne mit erhobenen Zeigefinger predigte: »Bei einem neuen Auto drehst du einmal den Schlüssel um, dann ist es nur noch die Hälfte wert.« Wie Recht er hatte. Laut mobile.de wären 8 100 Euro fair gewesen. Ein Händler von *wirkaufendeinauto.de* bot mir 5 000 Euro. Na dann halt privat inserieren, dachte ich. Gleichzeitig schwor ich mir, in Zukunft sehr genau auf den Preis zu achten, wenn ich etwas kaufen sollte. Fallen wir nicht immer auf die gleichen Tricks rein? Oh, die Matratze ist stark reduziert, da muss ich gleich zuschlagen. So ein Angebot bekomme ich sonst nicht wieder. Haben Sie jemals eine Matratze gesehen, die *nicht* reduziert war?

10 000 Meter

Ohne Schokolade kann ich nicht leben oder anders ausgedrückt: Ich bin süchtig nach Schokolade! Nach dem Frühstück könnte ich mit dem ersten Teil der Tafel starten, um spätestens nach dem Abendessen den zweiten zu vertilgen. Tägliches Sündigen. Ich bin mit dem Wunsch gescheitert, den Konsum auf null runterzufahren, obwohl die Taktik eigentlich Erfolg versprechend war. Sie lautete: Kaufe keine Schokolade. Doch leider hat das nie funktioniert. Irgendwie kam ich immer an das Produkt der Begierde oder habe schwere Rückfälle erlebt, die einen exponentiellen Anstieg des Schokokonsums zur Folge hatten.

Mit dem Auto verhielt es sich ähnlich. Sobald es vor der Haustüre stand und der passende Wagenschlüssel auffindbar war, konnte ich kaum widerstehen: Ich wollte in die Stadt, um schnell Katzenfutter zu holen? In Millisekunden ratterte mein Hirn folgende Formel durch:

Zeit × Kosten × Bequemlichkeit = Wahl der Verkehrsmittel

Mit dem Wagen geht es meist schnell, es kostet vermeintlich weniger als öffentliche Verkehrsmittel und spätestens wenn kein perfektes Radwetter mit Sonnenschein und 24

Grad herrscht, lautet die Antwort: Schnapp dir den Autoschlüssel und los geht es.

Da sich der Verkauf meines fahrbaren Untersatzes ver-
zögert, fällt mir folgende Übergangslösung ein. Warum nicht
das Ausprobieren des »neuen« Lebens vorziehen, in dem ich
einfach auf das Fahren verzichte. Und zwar sofort. Heißt:
Das Auto steht vor der Wohnung, wird aber nicht genutzt.
Das Wort *einfach* ist in diesem Zusammenhang allerdings
unpassend. Denn ähnlich wie mit Schokolade, kann ich dem
Griff zum Autoschlüssel nicht widerstehen. Ach, dieses eine
Mal mache ich eine Ausnahme. Die Zentralverriegelung öffnet mit einem dumpfen Geräusch den Wagen, klack, klack,
meine rechte Hand dreht die Lieblingsmusik auf und wir
schweben durch die Stadt. Herrlich. Einige Wochen gehen so
in das Land und ich merke, dass die Taktik des Ausprobie-
rens nicht funktioniert. Es regnet in Strömen, der Wochen-
einkauf steht an und der Wagen wartet vor der Tür. Wieder
bin ich gescheitert und kapituliere. Das Auto muss unver-
fügbar sein. Natürlich würde ein absichtlich herbeigeführter
Motorschaden Wunder wirken, aber ich entscheide mich für
eine nachhaltigere Idee.

Und so parke ich Viktor ab sofort nicht mehr in der Nach-
barschaft. Früher lautete die Devise zweifelsfrei: Je näher an
der Wohnung desto besser. Um freie Meter Straßenrand habe
ich mit anderen Fahrern und mit teils gewagten Wendema-
növern gekämpft. Nur um ein paar Meter Fußweg zur Haustür zu sparen. Nun ist es plötzlich umgekehrt: Je weiter weg,
desto besser. Der Radius soll deutlich erweitert werden. Ein
paar hundert Meter reichen nicht. Denn die kann ich mit
dem Fahrrad leicht überbrücken, was zur Folge hätte, das
die Nichtverfügbarkeit des Autos sich schnell gegen eine Ver-
fügbarkeit eintauschen ließe. So liegen zwischen den Orten
des Parkens und meiner Wohnung ab sofort nicht 100 Me-

ter, nicht 1 000 Meter, sondern 10 000 Meter. Zehn Kilometer! Ich muss also erst diese Strecke laufen, radeln, mit dem ÖPNV oder im Notfall mit dem Taxi zurücklegen, um ans Ziel der Träume, meinem Auto, zu kommen.

Potz Blitz, es funktioniert. Ich muss schnell zum Baumarkt, um eine Dichtung für den tropfenden Wasserhahn zu holen? Zunächst schnappe ich mir zwar noch reflexartig den Autoschlüssel, stehe vor der Haustür und überlege, wo ich denn mein mobiles und »immer verfügbares« Transportmittel geparkt habe. Um dann festzustellen, dass es ja zehn Kilometer entfernt ist. Nicht in Sendling, sondern in Schwabing. Erleuchtet und ein wenig genervt, tausche ich den Autoschlüssel in meiner Hand gegen den Wohnungsschlüssel aus und prüfe gedanklich, während ich das Treppenhaus hochsteige, mit der oben genannten Formel die weiteren Alternativen. Zusätzlich hinterfrage ich, ob die Dichtung für den Wasserhahn wirklich sofort besorgt werden muss. Oder ob ich sie auf die Kaufliste für den Baumarkt schreibe, um sie zu einem späteren Zeitpunkt abzuarbeiten. In dieser Zeit bin ich viel mit dem Fahrrad unterwegs oder verzichte gleich gänzlich auf geplante Fahrten. Manchmal braucht man einfach nichts zu machen. Falls Sie Ähnliches ausprobieren wollen, aber Ihre schöne Parkgarage vor der Haustüre nicht ungenutzt lassen wollen, können Sie natürlich auch einfach Ihren Autoschlüssel einige Kilometer entfernt deponieren. Allerdings grenzt es an Masochismus, wenn der Wagen zwar verfügbar ist, nur die Kleinigkeit des dazu passenden Schlüssels nicht erreichbar ist. Mein Fazit: »Autounverfügbarkeit« befreit von der Sucht, unbewusst nach dem Autoschlüssel zu greifen.

Goethe

Sparen Sie auch gerne Zeit? Mein Onkel meinte neulich: »In Zukunft wird es keine Rasenmäher mehr geben, sondern ausschließlich Rasenmähroboter. Das spart Zeit.«

Nur kann man überhaupt Zeit sparen? In Michael Endes *Momo* sind die grauen Herren auf der Jagd nach der Zeit der Menschen, um sie sich auf das eigene Konto zu verbuchen. Jeder von uns hat 24 Stunden am Tag zur Verfügung. Der reichste Mensch genauso wie der ärmste. Wir können keine Zeit sparen. Wenn Sie jemanden sagen hören: »Dafür habe ich leider keine Zeit« oder »Das habe ich zeitlich nicht mehr geschafft«, könnten Sie freundlich korrigieren. Denn eigentlich müssten wir uns wahrscheinlich immer eingestehen: Dafür habe ich mir keine Zeit *genommen.*

Im Jahr 1909 war im Vorgänger unserer Straßenverkehrsordnung festgelegt, dass auf deutschem Boden kein Fahrzeug mit einer Geschwindigkeit von mehr als 15 Stundenkilometern fahren dürfe. Das klingt nach wenig. Allerdings ist es doppelt so schnell wie die Reisegeschwindigkeit gut 100 Jahre zuvor, wie es der Autor Martin Liebmann beschreibt:

»Als Johann Wolfgang von Goethe sich am 3. September 1786 um drei Uhr in der Frühe von Karlsbad nach Italien aufmachte, lag ein weiter Weg vor ihm. Allein für die ersten 140 Kilometer über Zwota, Eger, Tirschenreuth nach Weiden brauchte er seinen Tagebucheinträgen zufolge 18 Stunden. Bis zum Brenner waren es sechs Tage in der Postkutsche. Auf der zweiten Etappe nach Verona, für die er fünf Tage benötigte, schrieb er: ›Die Postillons fuhren, daß einem Sehen und Hören verging, und so leid es mir tat, diese herrlichen Gegenden mit der entsetzlichen Schnelle und bei Nacht wie im Fluge zu durchreisen, so freute es mich doch innerlich, daß ein günstiger Wind hinter mir her blies und mich meinen Wünschen zujagte.‹ Wenn heute jemand für 700 Kilometer elf Tage bräuchte, würde dieser Mensch dann auch von einer ›entsetzlichen Schnelle‹ sprechen?«[7]

Die Concorde konnte bis zu ihrer Einstellung aufgrund eines schweren Unfalls sowie von Sicherheitsbedenken mit Überschallgeschwindigkeit von mehr als 1 000 Stundenkilometern fliegen. Die Maximalgeschwindigkeit der Galapagos-Schildkröte beträgt dagegen 0,32 Stundenkilometer. Wer wird uns später mehr von ihrem Weg erzählen können?

Die heutige »normale« Geschwindigkeit unserer Mobilitätsalternativen ist weder vorteilhaft noch bekommen wir sie umsonst. Gehen Sie gerne zur Arbeit? Nur dann wird Ihnen folgende Berechnung wahrscheinlich nicht sonderlich aufstoßen.

In Mathematik war ich in der Schule stets versetzungsgefährdet. Wenn es ums Geld ging, habe ich aber gerne das Zahlenwerk angeschmissen. Wer möchte nicht gerne etwas sparen? Doch manchmal tut das Rechnen richtig weh. Vor allem wenn es um meinen Geldbeutel geht.

7   Liebmann, Martin (2019): Faul zu sein ist harte Arbeit, S. 20 f.

Würden Sie mir bei folgender Herleitung Recht geben? Angenommen man benötigt für die Autofahrt zum See eine Stunde, anstatt zwei Stunden mit dem Fahrrad. In diesem Fall hätte man mit dem Auto im Vergleich zum Fahrrad eine Stunde Fahrzeit »gespart«, die man auch anderweitig nutzen könnte. Wenn Sie einen Mäzen hätten, der für alle Unkosten des Wagens aufkäme, könnten wir das so stehen lassen. Wenn wir jedoch davon ausgehen, dass Sie für die Kosten selbst aufkommen müssen, dann nicht. Insbesondere, falls Sie für Ihre Eurotaler arbeiten müssen, da Sie weder Lottogewinner*in noch Erb*in sind. So können wir leicht ausrechnen, wie viele Stunden Sie für eine Autofahrstunde arbeiten müssen. Laut ADAC kostet ein Mittelklassewagen wie der VW Golf 1,6 TDI bei 15 000 Kilometern Laufleistung pro Jahr exakt 602 Euro im Monat. Hierbei sind alle Kosten wie Kaufpreis, Wertverlust, Werkstatt, TÜV, Benzin etc. beinhaltet. Einen Kilometer zu fahren kostet demnach 48 Cent. Bei 60 Stundenkilometern Durchschnittsgeschwindigkeit schlägt Ihnen eine Autostunde demnach mit 28,80 Euro Gesamtkosten zu Buche. Das können wir erst einmal wirken lassen.

Nehmen wir zusätzlich an, Sie sind Durchschnittsverdiener*in, das heißt jeden Monat landen 1950 Euro netto auf Ihrem Konto und Sie arbeiten 39 Stunden pro Woche, dann verdienen Sie 17,68 Euro netto pro Stunde.

Summa Summarum müssen Sie für eine Autostunde eine Stunde und 37 Minuten (zusätzlich) arbeiten! Wenn Sie abschließend die Fahrzeit zu der Arbeitszeit addieren, kostet eine Autostunde demnach zwei Stunden und 37 Minuten Zeitaufwand. Mit anderen Worten: Bei einer zweistündigen Fahrt mit dem Fahrrad wären Sie eben nicht langsamer als das Auto, sondern würden 37 Minuten Fahrt- bzw. Arbeitszeit einsparen. Noch gewaltiger klingt die Jahresrechnung.

Unter diesen Bedingungen müssen Sie jedes Jahr mehr als zehn Wochen nur für Ihre Autofahrten arbeiten. Oder noch fieser ausgedrückt: Sie hätten mehr als zehn Wochen zusätzlichen Urlaub. Jedes Jahr, wenn Sie kein Auto fahren.

Das rote Pferd

Mein Auto parkt nun 10 000 Meter von meiner Wohnung entfernt, was mich vor Impulsfahrten bewahrt. Es ist Samstag und ich möchte meine Großmutter im bayerischen Oberland besuchen. Hierfür muss ich 60 Kilometer zurücklegen. Auf das fahrbare Vehikel soll diesmal verzichtet und Alternativen müssen sondiert werden. Selbstverständlich bin ich früher auch mit der Bahn gefahren, wenn wir beispielsweise als Gruppe günstig in die Berge wollten. Bei längeren Fahrten genoss ich es, im Zug nichts tun zu müssen. Nur diese Strecke bin ich in den letzten 20 Jahren über 100 Mal gefahren. Immer by car. Heute sind die Wetteraussichten gigantisch. Deshalb fällt die Wahl nicht auf die Bahn, sondern auf die Variante S-Bahn und Fahrrad. Mit Erstaunen stelle ich beim Blick auf den Routenplaner fest, dass hierfür nur 26 Kilometer, also etwa zwei Stunden Pedaltreten zu absolvieren sind. Ich schnalle meine zwei Fahrradtaschen, die zuletzt für eine Fahrradtour im Einsatz waren, mit Proviant gespickt an mein Bike und los geht's!

Bereits in der S-Bahn fliegen ganz andere Bilder an meinen Augen vorbei als während der Fahrt auf der Autobahn, wo ich meist die Straße fokussiere, die rechts und links von Leitplanken begrenzt ist. Wir durchqueren Wohnviertel mit prächtigen Jugendstilvillen und grüne Wälder, die mich die Großstadtnähe vergessen lassen. In Wolfratshausen angekommen steige ich mit dem motivierenden Gefühl, nun bereits 34 Kilometer ohne einen Tropfen Schweißverlust gemeistert zu haben, auf mein treues rotes Pferd aus Stahl. Mit jeder Steigung wird offensichtlicher, welche Selbstverständlichkeiten mir bisher niemals bewusst waren. Eine Strecke von 60 Kilometern zurückzulegen, verschlingt eine Menge an Energie. Wenn es nicht Schweiß ist, dann sind es Sprit oder Strom. Bei den Abfahrten genieße ich den Wind, der durch meine letzten Haare pfeift. Es fühlt sich an wie das Leben. Zu dem Kaffeeklatsch mit meiner Großmutter kann ich dadurch nicht nur einen leckeren Kuchen, sondern auch frische Erlebnisse und eine Portion gute Laune mitbringen.

Nachmittags geht es dieselbe Strecke zurück und der Sog des Nachhause-Kommen-Wollens lässt mich einen Geschwindigkeitsrekord aufstellen. Schweren Atems, aber zutiefst zufrieden fläze ich mich in die S-Bahn. Hier dämmert mir zum ersten Mal, was ich vorher für unmöglich hielt. Ein autofreies Leben ist kein Verzicht, sondern ein Gewinn. Eine Bereicherung für mein Leben. Bequemlichkeit im Tausch gegen echte Erlebnisse. Mein Wagen bleibt wo er ist. Weit weg von zu Hause.

Autos holen

Im Jahre 1976 konstatierte der Philosoph Erich Fromm: *»Das auffälligste Beispiel der heutigen Konsummentalität ist der Besitz eines Autos. Unsere ganze Wirtschaft ist auf die Produktion von Automobilen ausgerichtet, und unser Leben ist weitgehend durch deren Konsum bestimmt: Unsere Epoche kann mit Recht das ›Automobilzeitalter‹ genannt werden.*

Der Besitz eines Autos erscheint denjenigen, die eines haben, als vitale Notwendigkeit, allen übrigen, die diesen Besitz erst anstreben, als Inbegriff des Glücks, [...] Dennoch ist die Zuneigung zum eigenen Wagen nicht dauerhaft, sie ist von kurzer Dauer, denn die Besitzer wechseln ihre Wagen häufig, nach ein, zwei Jahren hat man das alte Auto satt und hält Ausschau nach einem neuen, wobei möglichst ein ›gutes Geschäft‹ dabei herausspringen soll. Das ganze Unternehmen scheint ein Spiel zu sein, in dem sogar unlautere Mittel ab und zu eine Rolle spielen, und man genießt das ›gute Geschäft‹ fast ebenso und mehr als das, was man am Ende dabei gewinnt: das brandneue Modell eines Wagens.

Zwischen dem Verhältnis zum Auto als einem Besitzobjekt und der Tatsache, dass das Interesse am jeweiligen Modell so kurzlebig ist, scheint ein eklatanter Widerspruch zu bestehen. Bei der Suche nach der Lösung dieses Rätsels muss man mehrere Faktoren berücksichtigen. Zunächst ist die Beziehung zum Auto entpersönlicht worden. Das Auto ist kein konkretes Objekt, an dem ich hänge, sondern ein Symbol meines Status, meines Ichs, eine Ausdehnung meiner Macht. Mit dem Kauf eines Autos erwerbe ich faktisch ein neues Teil-Ich. Zweitens vervielfacht sich der mit dem Erwerb verbundene Lustgewinn, wenn ich nicht alle sechs, sondern alle zwei Jahre den Wagen wechsle; der Akt des Besitzergreifens ist eine Art Defloration, eine Steigerung des Gefühls, über etwas die Herrschaft zu haben, und je öfter ich das erlebe, desto größer ist mein Triumphgefühl. Drittens bietet der Autowechsel jedes Mal aufs Neue die Chance, beim Tausch einen Profit zu machen, ein Wunsch, der im heutigen Menschen tief verwurzelt ist.«[8]

In den letzten Jahrzehnten hat sich an der Zuneigung zum Automobil grundsätzlich wenig verändert. Zumindest in Bezug auf die gestiegenen Zulassungszahlen. Bei den jungen Menschen scheint der Stellenwert des Automobils allerdings gesunken zu sein. Denn immer weniger von ihnen machen einen Führerschein.[9] Als Erich Fromm diesen Text im Jahre 1976 schrieb, waren in Deutschland etwa 19 Millionen Pkw zugelassen. Die deutliche Mehrheit lebte also autofrei und träumte wahrscheinlich nur von einer Anschaffung. Seit dieser Zeit ist der Bestand um über 150 Prozent gestiegen. Heute gibt es in Deutschland mehr Autos als Haushalte. Die Minderheit zeichnet sich also durch autofreies Leben aus. Zu

---

8   Fromm, Erich (1976): Haben oder Sein, S. 92 f.
9   https://www.n-tv.de/panorama/Weniger-Jugendliche-machen-Fuehrerschein-article21002665.html [Aufruf am 12. 11. 2020].

Beginn des Aufstiegs des Automobils war dessen Besitz ein Zeichen von Reichtum. Heute ist das nicht mehr so. Im Gegenteil. Gerade die Unterschicht kann sich den Verzicht oft nicht leisten. Eine Amazon-Fahrerin arbeitet selbstständig und muss ihr eigenes Fahrzeug in die Zusammenarbeit mit dem US-Giganten einbringen. Tut sie das nicht, müsste sie sich einen anderen Job suchen. Daher verwundert es nicht, dass es in bestimmten Kreisen für den eigenen Status sogar eher zuträglich erscheint, auf ein Auto zu verzichten, auch wenn man sich eines leisten könnte. Nicht das neue Auto der Schwester wird bewundert, sondern die Entscheidung, autofrei zu leben. Das ist zumindest meine Hoffnung. In meinem Fall kam es ganz anders.

Denn Gegenargumente gibt es viele. Was passiert mit den Arbeitsplätzen in der Automobilindustrie, wenn alle autofrei leben, fragen Sie sich jetzt vielleicht. Zumindest wird diese Frage regelmäßig in den Medien diskutiert. Mittlerweile ist jedoch bekannt, dass in »grünen« Branchen, wie den erneuerbaren Energien, zusätzlich tausende Arbeitsplätze geschaffen werden könnten.

Bei einem Telefonat erzählt mir mein Studienfreund Philipp von einem Kollegen, der sich kürzlich einen BMW i3 *geholt* hat. Das Wort *holen* höre ich immer öfter in Zusammenhängen, die mir neu erscheinen. Früher hat man Semmeln beim Bäcker oder Milch im Supermarkt *geholt*. Heute sind es Handys, Fernseher oder sogar Automobile. Holen suggeriert eine Selbstverständlichkeit. Mit wenig Aufwand beschaffen wir etwas, was nicht der Rede wert ist, denn es ist halt in diesem Moment notwendig, wie die Milch aus dem Supermarkt. Einst haben wir in ein Automobil *investiert*, eines *gekauft, erspart, geleistet, bestellt* oder vielleicht sogar *gegönnt*. Aber *geholt* haben wir es uns nicht. Statusgewinn erscheint hier nicht mehr als das vordergründige Argument.

Ein gewisser Widerspruch liegt in der Abstinenz der Besonderheit eines Autokaufs einerseits und dem verbreiteten Glauben, *ein Leben ohne* sei nicht möglich oder nicht erstrebenswert. Also was jetzt? Falls es nichts Besonderes ist, warum können wir dann nicht darauf verzichten? Offenbar liegt ein Gewöhnungseffekt vor. Das heißt alles, was wir an Komfort durch Konsumgüter erlangen, hat ein Verfallsdatum und wir spüren die Euphorie der Verbesserung bald nicht mehr. Vielleicht *holen* wir uns in Zukunft auch eine Eigentumswohnung, ein Haus, einen Hubschrauber, einen eigenen Golfplatz oder eine Raumfähre, um die tote Erde zu verlassen?

Eine weitere sprachliche Besonderheit zeigt auch die Verschmelzung des *Ichs* mit dem Auto. Wo stehst du? Ich steh' da vorne im Halteverbot! Gemeint bin in diesem Fall eben nicht *ich*, sondern mein Wagen. Nur anscheinend gehören wir untrennbar zusammen. Sobald wir eine Kiste besitzen, werden wir Teil von ihr oder sie von uns. In welcher Parklücke stehen Sie heute?

Apropos Parken in der Stadt, in diesem Moment klingelt das Telefon und mein Cousin meldet sich auf der anderen Seite der Leitung. Er müsse mir unbedingt erzählen, was ihm heute passiert ist. Das würde auch gut zu meiner Lektüre passen. »Schieß los«, sage ich gespannt. Und er beginnt:

»Heute früh um halb sieben stehe ich unter der Dusche und denke an nichts Böses, als es plötzlich an meiner Tür klingelt. Nein, es klingelt nicht nur. Es klingelt Sturm. Paketpost? Zeitungen? Das kann eigentlich nichts Wichtigstes sein, also lasse ich das Wasser weiter aus der Duschbrause plätschern. Nach einem kurzen Moment der Stille läutet es wieder. Sturm! Ja Sapperlot, wer macht denn um diese Uhrzeit so einen Lärm? Jetzt schnappe ich mir das Handtuch, husche wassertropfend zur Freisprechanlage, drü-

cke den Knopf und rufe leicht genervt: ›Ja, was ist denn?‹
›Hallo, hier spricht die Polizei, ihr Auto muss sofort weg!‹
Ach du ..., wie ein Blitz schlägt der Gedanke an mein gestriges Parkmanöver in mein Gehirn ein. Das war knapp vor der Einfahrt. Mal wieder bin ich in der täglichen ›Reise nach Jerusalem‹ leer ausgegangen. Nirgends hat sich ein freies Stück betonierter Parkplatz erbarmt und dieser vor der Einfahrt war die Notlösung. Zudem wollte ich noch mal umparken. In Rekordzeit zerre ich mir die Kleider über den Körper, hämmere die Treppenstufen hinunter und sprinte die 200 Meter zu meinem Wagen. Ich überhole sogar die zwei freundlichen Polizeibeamten, die gerade noch bei mir Sturm geklingelt haben und jetzt tiefenentspannt zum Tatort schlendern. Das kann teuer werden. Bereits meine Parkaktion über Nacht bei REWE hat neulich 287 Euro verschlungen. Mit Polizeieinsatz wird es nicht günstiger. An der Einfahrt angekommen, sehe ich ein großes SUV, dessen Fahrer mit hochrotem Kopf und weit aufgerissenen Augen sein Steuerrad umklammert: ›Wegen Ihnen komme ich eine Stunde zu spät ins Büro!‹ Schnell stecke ich den Schlüssel in die Zündung, starte den Motor und mache dem Autoriesen Platz. Dann steht der Rapport bei der Polizei an und mir schwant nichts Gutes.

Schnitt: ›Heute belassen wir es noch mal bei einer mündlichen Ermahnung.‹ Mensch, da war ich wirklich sehr dankbar!«

Für meinen Cousin war sein obligatorischer Guten-Morgen-jetzt-bin-ich-wach-Kaffee an diesem Tag obsolet. Morgen geht es für ihn allerdings weiter im Parkplatz-Such-Roulette in der Großstadt.

Der Preis

Die Kiste muss weg! Langsam brennt es mir unter der Haube. Die Anzeige im Internet zeigt immerhin Wirkung und es trudeln die ersten Nachrichten von Interessierten ein. Wenig später stehe ich mit einer jungen Familie vor dem Objekt, um das sich nun alles dreht: Viktor. Das Pärchen wirkt sympathisch und das Gespräch ist erhellend. Nun weiß ich nämlich, dass die Karre zwei Dellen mehr hat als gedacht, dass der Kaffeefleck auf dem Beifahrersitz nicht nur mir aufgefallen ist und sich die Käufer*innen stets einen deutlichen Rabatt vom angegebenen Preis wünschen. Die Worte des Interessenten hallen lange nach: »Herr Konrad, ihre Preisvorstellung kann ich nicht nachvollziehen«, sowie »Die Reparatur der Schäden verschlingt ein Vermögen«. Ich fühle mich wie jemand, der andere gerne ausnimmt und nun enttarnt wurde. Unschön! Der nächste Interessent erscheint zwei Tage danach. Er kommt direkt von der Arbeit und auf seinem Kragen thront das Emblem seines Arbeitgebers. Eine große Versicherung. Der wird sich mit Autos auskennen und endlich den wahren Wert Viktors erkennen, erzählt mir meine innere Stimme der Hoffnung. Ein paar gekonnte Blicke in den Innenraum, auf die Karosserie sowie unter die Motorhaube und eine kurze Probefahrt später, tut er das auch. Allerdings nicht so, wie ich es mir vorstellte – oder sollte ich lieber sagen erträumte: »Herr Konrad, vielen Dank für ihre Zeit und die Besichtigung und ich melde mich gegebenenfalls in den nächsten Tagen.« Das war das letzte Mal, dass ich ihn sah oder von ihm hörte.

Loslassen

Es war die Lossagung vom Dauerkonsum, die meiner Entscheidung für ein autofreies Leben vorausging. Während eines 12,99 Euro-Nonstop-Fluges nach Portugal beschallt mich der Ryanair-Lautsprecher wenige Zentimeter über meinem Kopf – ebenfalls Nonstop: »Sehr verehrte Fluggäste, nun können sie Lose für unser großes Toaster-Gewinnspiel käuflich erwerben, zusätzlich dürfen sie auch edles Parfüm, leckere Zigaretten, teuer aussehende Uhren, gesunde Süßigkeiten, selbstgebrautes Bier, Wein von Günter Jauch, und und und kaufen. Und falls sie kurz vor dem Verdursten sind, verkaufen wir Ihnen gerne eine überteuerte Flasche Wasser. Bitte halten sie ihre Kreditkarte bereit und haben sie Verständnis für diese Dauerwerbesendung, aber Sie glauben doch nicht ernsthaft, dass der Ticketpreis kostendeckend ist!« Der Flug dauert zweieinhalb Stunden, die Beschallung ebenfalls. Es war vorerst der letzte Flug für mich und dafür musste die Maschine glücklicherweise nicht abstürzen. Urlaub wäre sowieso erholsamer, wenn ich mich nicht jedes Mal selbst mitnehmen müsste.

Wenn wir volljährig sind, sind wir endlich frei. Wenn wir das Studium oder die Ausbildung abgeschlossen haben, sind wir endlich frei. Wenn die ersten fünf Berufsjahre hinter uns liegen und wir Geld angespart haben, sind wir endlich frei. Wenn wir in Rente gehen, sind wir endlich frei.

Wenn wir reich sind, sind wir unsere Existenzangst los. Wenn wir endlich reich sind, tritt plötzlich Verlustangst zu Tage. Die Werbung zielt mit dem *wenn* auf ein besseres *dann* ab. Danach geht es uns nur leider nicht besser und wir konsumieren weiter.

Die Werbung manipuliert mein Unterbewusstsein und lässt mich Dinge kaufen, ohne dass ich es überhaupt merke. Das möchte ich ändern! Die »kostenfreien« Dienste von Facebook verbanne ich aus meinem Leben. Und als ich gerade scheinbar Kontrolle über mein Unterbewusstsein zurückgewonnen habe, verlasse ich meine Haustüre und sehe, was mir nie sonderlich aufgefallen war: Eine große Litfaßsäule steht genau vor meiner Wohnung. Wenn ich der Werbung nicht entkommen kann, dann muss ich eben den Konsum einstellen. Nur dann beeinflusst mich Marketing nicht mehr. Deshalb verabschiede ich mich nach mehr als zehn Jahren treuer Gefolgschaft von Amazon und setze noch einen drauf: Ein Jahr lang möchte ich ohne Neuanschaffungen auskommen und nur gebrauchte Dinge kaufen, falls es wirklich *not*wendig ist. Konsumverzicht: Top, die Wette gilt. Selten hat es so viel Spaß gemacht, einfach nichts zu kaufen, weil es entweder schon da ist, zum Beispiel bei Freund*innen und Bekannten, oder gebraucht bei jemandem zur Abholung bereitsteht. Der *Ver*zicht wird zum *Ver*gnügen.

Gleichzeitig ereilt mich der Trend zum Minimalismus. Ich verbringe meine besten Urlaube im Keller. Beim Ausmisten. Lange vor Corona, das viele von uns gezwungenermaßen von der »Aufschieberitis« befreit, räume ich auf. Am besten eignen sich heiße Sommertage, wenn die Seen überfüllt, die Sonnenbrandgefahr hoch und die Keller angenehm kühl sind. Je weniger ich habe, desto besser geht es mir. Früher haben mich Gedanken an die verstaubten Kisten im Keller schaudern lassen: Ja, das müsste man mal angehen, aussortieren und einiges davon sollte weg. Die Floskel *Weniger ist mehr* macht sich in meinem Leben breit. Sie wird zur Erlösung. Mit dem Loslassen vom eigenen Auto fällt ein schwerer Brocken aus meinem Leben.

Kino in 4D

Dieses Wochenende entscheide ich mich wieder für den obligatorischen Besuch meiner 100-jährigen Großmutter. Diesmal fällt die Wahl auf den Zug. Das Zeitbudget musste ich hierfür verdoppeln, was eine Umstellung war und Magengrummeln auslöste. Für die »lange Reise« habe ich mir Proviant und Lesestoff in den Rucksack gesteckt. Schnell erfahre ich allerdings, dass die Zeit nicht einfach *weg* ist, sondern von mir genutzt werden darf. Und zwar hervorragend.

Mein Rücken lehnt an dem Sitz der Bahn, meine Schultern sind entspannt und zum ersten Mal seit Langem lese ich in einem der vielen Bücher, die sich sonst verwaist auf meinem Nachttisch stapeln und Staub ansammeln. Meine Augen arbeiten sich nicht nur durch wenige Seiten – wie früher –, sondern durch einige Kapitel. Entschleunigung pur. Zusätzlich erhält mein Gehirn die Aufforderung, sich komplett herunterzufahren, denn inspirierende Gedanken schießen mir durch den Kopf. Etwa irgendwann einmal ein Buch über mein autofreies Leben zu schreiben. So zücke ich einen Kugelschreiber und verewige alles in meinem Tagebuch. Als der Zug in den Zielbahnhof einfährt, wünschte ich, er würde noch weiterfahren, damit ich meine Gedankenreise fortsetzen könnte.

Auf der Rückfahrt schaue ich einfach aus dem Fenster. Das ist ja nichts Besonderes, denken Sie sich vielleicht. Doch. In den 1950 Jahren befand sich »aus dem Fenster schauen« unter den Top zehn der beliebtesten Freizeitbeschäftigungen in Deutschland. Zu Hause wohlgemerkt, wo wir schon am richtigen Fenster sitzen müssen, damit die Chance auf etwas Action gegeben ist. Im Zug ist das immer der Fall. 4D-Natur-Kino live, das im Fahrpreis bereits kostenfrei inkludiert ist. Mal bleibt die Szenerie für einige Minuten stehen, dann wechseln die Bilder in der gleichen »Super-Geschwindigkeit«, in der heute James-Bond-Filme geschnitten sind.

Erinnerungen an das »Knottnkino« werden wach, das inmitten einer gigantischen Bergkulisse in der Nähe von Meran zu finden ist. »Knottn« bedeutet im Südtiroler Dialekt »Fels«. Dieses ganz besondere Kino liegt auf 1 465 Meter: »Das Knottnkino wurde im Jahr 2000 vom Künstler Franz Messner errichtet, lädt zum Verweilen, Reflektieren und Genießen ein; denn Abwechslung kommt mit dem Sitzenbleiben. Auf den 30 robusten Sesseln aus Kastanienholz und Edelstahl lässt sich die Aussicht in wechselndem Licht mit treibenden Wolken wie in einem Kino genießen. Dabei führt die Natur Regie und wir lassen Sonne und Wolken, Nähe und Ferne und eine ganz besondere Stimmung auf uns wirken. [...] Der Film wechselt im Knottnkino ständig: mit den Jahreszeiten, mit den Tageszeiten, mit dem Wetter, täglich, stündlich oft ein neues Programm.«[10] Nicht nur in Zeiten von Corona, in denen die Kinos geschlossen haben, ein Geheimtipp.

10 https://www.hiwio.com/de/Artikel/Das-Knottnkino-bei-V %C3 %B6ran-862 [Aufruf am 12. 4. 2021].

Als der Zug in Starnberg einfährt, schweift mein Blick über leuchtende Wiesen in der Abendsonne und den glitzernden See, auf dem Millionen von Diamanten zu liegen scheinen. Im Hintergrund thronen die Gebirgsketten der Alpen. Ich staune über diese kitschige Schönheit und schreibe folgende Zeilen in mein Tagebuch: »Ein gigantischer Moment. Eigentlich könnte ich einen Besuch bei meiner Großmutter auch mal mit einem Tag am See verbinden.« Der Starnberger See war in meinem Universum von Ausflugszielen bisher ausgeklammert. Denn am Wochenende gibt es nirgends Parkplätze! Daher lieber einen großen Bogen um ihn herum *fahren*. Ich lege das Tagebuch weg und mir dämmert, dass überhaupt kein »Abstellplatz« mehr notwendig ist. Guten Morgen! Um den Parkplatz, die Wartung, Betankung, TÜV, Reinigung usw. der Bahn kümmern sich nun andere und mir bleibt der tonnenschwere Klotz namens Automobil am Bein erspart. Der Zug steht immer noch im Bahnhof von Starnberg als ich eine blitzschnelle Entscheidung fälle. Ich klappe mein Tagebuch zu, stecke es in den Rucksack und sprinte aus dem Waggon. In diesem Moment schließen hinter mir die Türen, sodass der Windstoß mich noch leicht touchiert.

Nun stehe ich am Bahnsteig, zum See sind es nur ein paar Schritte und ich bin immer noch benommen von meiner abrupten Planänderung. Normalerweise gehen bei mir solch weitreichende Entscheidungen mit akribischer Planung vorab einher. Jetzt ist es anders. Die Szenerie am Seeufer fühlt sich wie ein Rausch an, ein unerwartetes Geschenk des Lebens. Sich treiben lassen, Backpacking, nur eben nicht in Australien oder Thailand, sondern vor der Haustüre. Ein Lottogewinn fühlt sich dagegen wahrscheinlich an wie ein Besuch beim Einwohnermeldeamt. Dopamingetränkt schlendere ich das Ufer entlang und setze mich auf eine Bank, die mir einen herrlichen Panorama-Blick ermöglicht. Ich lese in dem inspirierenden Buch *Faironomics,* als sich ein Seniorenpaar, das hier Urlaub macht, neben mich auf die Bank setzt. Schnell kommen wir ins Gespräch und tauschen uns über das Thema des Buchs aus. Zum Abschied schreibt sich die Dame Titel und Autoren auf: »Das werde ich meinem Sohn schenken. Der interessiert sich auch für Themen, wie man die Welt zu einem besseren Ort machen kann.«

Natürlich ist das Zugfahren alleine keine Garantie, um in solche Sphären der Erfüllung zu gelangen. Ich denke dabei an das sozialpsychologische Experiment der Washington Post:

»Es wurde während der morgendlichen Rushhour in einer Metrostation durchgeführt: Am 12. Januar 2007 spielt ein Straßenmusiker auf seiner Geige mehrere Stücke von Johann Sebastian Bach. Zug um Zug fährt in die Station ein und spuckt Menschen aus, die schnellen Schrittes die Halle durchqueren. Während er spielt, gehen insgesamt 1 070 Menschen an ihm vorbei. Sieben Personen halten kurz inne und lauschen der Musik. Am ehesten wollen Kinder stehen bleiben und zuhören, aber sie werden ausnahmslos von ihren Eltern weitergezogen. Nach 43 Minuten ›Konzert‹ hat der Musiker 32,17 Dollar verdient. Was die Passanten in Washington nicht wissen: Bei dem Straßenmusiker handelt es sich in Wirklichkeit um Joshua Bell, einen weltberühmten Geiger. Seine Violine, eine Stradivari, ist mehr als drei Millionen Dollar wert. Nur wenige Tage zuvor hatte Bell die gleichen Werke in der ausverkauften Bostoner Konzerthalle gespielt – der Eintrittspreis betrug über 100 Dollar pro Karte. Da entlockt ein grandioser Musiker seinem Instrument traumhafte Klänge, und kaum jemand bemerkt es. Die Washington Post folgert, dass das moderne Leben unsere Fähigkeit beeinträchtige, Schönes wahrzunehmen. Und fragt: Wenn wir einen der berühmtesten Musiker der Welt über-

sehen und überhören, was verpassen wir dann sonst noch alles?«[11]

Und ich frage mich: Wie oft bin ich an diesem Ort, nur wenige hundert Meter entfernt, auf der Autobahn vorbeigebraust, ohne von der Einzigartigkeit etwas mitzubekommen? Beglückt von der überraschenden Begegnung mit den sympathischen Senioren springe ich in den nächsten Zug nach Hause.

Diese Rückfahrt nach dem Besuch meiner Oma war erste Klasse und der Tag voller Erlebnisse, die ich manchmal nicht in einer Woche oder sogar in einem Monat erlebte. Ich danke mir selbst für die Entscheidung, nun zu solchen Abenteuern »gezwungen« zu werden. Das nächste Mal wird die Wahl wieder auf den Zug fallen. Nur diesmal ohne Magengrummeln, weil die Reise »viel länger dauert« als mit dem Auto. Ich freue mich darauf!

11   Wolfers, Melanie (2018): Trau dich, es ist dein Leben, S. 103.

Die Rutsche

Die Entscheidung für den Verkauf meines Wagens ist lange gefallen, nur bin ich bisher nicht den *entscheidenden* Schritt gegangen. Die Verkaufsverhandlungen ziehen sich und irgendetwas hält mich zurück. Die Angst, das Falsche zu tun? Es ist, als würde ich an der Kante des Zehn-Meter-Sprungbretts stehen und noch zögern, mich in die unendlichen Tiefen nach unten zu stürzen. In diesem Moment wäre eine Horde von Dobermännern vorteilhaft, die zähnefletschend auf mich zugerast käme und die Überwindung meines inneren Schweinehunds beschleunigen würde. Wissenschaftlich ausgedrückt brauchen wir in solchen Situationen einen »Nudge«, wie es im gleichnamigen Buch von Nobelpreisträger Richard Thaler ausgeführt ist. Nudge bedeutet einen kleinen »Stups« in die »richtige« *Rich*tung zu bekommen. Ähnliches ereignet sich an jenem Tag:

Ich möchte schnell ein paar Sachen außerhalb der Stadt einkaufen. Gewohnheitsmäßig nehme ich das Auto, das just heute in meiner Straße und nicht die obligatorischen zehn Kilometer entfernt parkt. Als ich gerade in einen Tunnel einfahre, leuchtet plötzlich eine rote Warnleuchte im Armaturenbrett auf. Überhitzung, sofort rechts ranfahren, schreit mich mein Display an. Zusätzlich dröhnt ein Signalton, damit es wirklich jeder versteht. *Sofort stehen bleiben* wird angezeigt. Im Tunnel stehen bleiben? *Geht gar nicht,* schreie ich gedanklich zurück Richtung Display. Bis zum Licht am Ende des Tunnels sind es 300 Meter. Also stelle ich die Heizung im Innenraum auf volle Pulle, um dem Motor Wärme zu entlocken und eine zeitnahe Überhitzung, vor meinem Inneren ist es eher eine Explosion, zu verhindern. Ich starre auf die Motorhaube, ob sich bereits Rauch nach oben kämpft. Die nächsten Sekunden fühlen sich wie Stunden an. Endlich Tageslicht, Blinker raus, rechts ranfahren, aussteigen, Motorhaube öffnen. Es dampft. Zu meiner Beruhigung brennt es nicht. Wie in einer bekannten Werbung für eine Tankstelle hieß es jetzt erst mal *I'm walking.* Ist es nicht herrlich, einfach loszufahren und die Maschine bringt mich überall hin?

Schnitt. Plötzlich stehe ich verzweifelt am Straßenrand genau neben diesem Wunder der Technik, welches zu einem schweren Blechklotz mutiert ist. Jede(r) Autofahrer*in hat wahrscheinlich irgendwann Ähnliches erlebt, deshalb verkürze ich die weitergehende Story. Terminierung mit der Werkstatt, Diagnose Marderbiss, Glück im Unglück, da Auto noch zur Werkstatt fahrbar, Pkw einige Tage später abholbereit, Kontaktaufnahme mit der Versicherung und so weiter. Es nervt. Die viele Zeit, die mir das Fahrzeug bisher »gespart« hat, holt es sich jetzt zurück.

Exakt eine Woche später stelle ich mit Erschrecken fest: Marderspuren auf meinem Wagen. Anscheinend liebt er es, meine Windschutzscheibe als Rutsche zu missbrauchen. Durch verschiedene Tricks versuche ich den Marder abzulenken. Ich verstreue Hundehaare im Motorraum, stelle Urin unter die Haube und überlege, ob ein kostspieliger Elektroschock sein Geld wert ist. Einige Wochen später gehe ich davon aus, dass jetzt Ruhe eingekehrt ist, und parke mein Auto wieder einmal vor meiner Haustür. So kann ich Interessent*innen spontan zu einer Besichtigung einladen und muss nicht extra durch die ganze Stadt zu meinem Wagen fahren. Am nächsten Morgen traue ich meinen Augen nicht. Marderkot thront auf Viktors Dach. Ich verstehe sofort, was der fellige Vierbeiner mir damit zweifelsfrei mitteilen möchte: »Das ist mein Revier, Kollege!« Es steigt ein leichter Verfolgungswahn in mir auf und ich fühle mich dem Nager ausgeliefert. Leider kann ich nicht 24 Stunden pro Tag vor meinem Auto patrouillieren. Vielleicht war es jedoch auch eine Art höheres Zeichen oder ein »Nudge«, den Verkauf endlich zu finalisieren. Erst einmal soll Viktor jedoch aus der Gefahrenzone, heißt aus dem Marderrevier, gebracht werden. In langen Google Night Sessions – in denen mein Zeitkonto als Autofahrer (der doch eigentlich durch den Wagen Zeit sparen möchte) rasant steigt – mutiere ich zum Marderexperten. Ich lese, dass es wenig bringt, den Wagen weit außerhalb des Reviers zu parken. Im Gegenteil. Die Tiere haben feine Nasen. Sobald sie Spuren von Kontrahenten aus anderen Gebieten im Motorraum erschnüffeln, werden sie noch aggressiver und toben sich erst richtig an den Schläuchen aus. In meiner Verzweiflung rufe ich eine Freundin an. Katrin nutzt ihre Garage nicht, da sie autofrei lebt. Erfreulicherweise darf ich sie vorübergehend nutzen. Noch am selben Abend bringe ich den Flitzer dort in Sicherheit. Mir fällt ein Stein vom Herzen, als ich sehe, wie sich das vergitterte Tor schließt. Anschließend steige ich auf mein Fahrrad, das ich zuvor dort geparkt habe und radle nach Hause. Als ich gerade darüber sinniere, ob ich vielleicht etwas übertreibe mit meiner Marderphobie, huscht just in diesem Moment ein quicklebendiges Exemplar wenige Meter vor mir über die Straße. Beinahe hätte ich ihn angefahren. Verdattert folgt mein Blick dem buschigen

Schwanz, der sogleich unter einem Fahrzeug verschwindet.

Schnitt!

»Und dann warf er hin und kündigte seine unbefristete Anstellung als Professor. 18 Jahre lang hatte Gregory Mikkelson an der kanadischen McGill University Philosophie und Umweltwissenschaften gelehrt. Irgendwann hielt er seinen inneren Konflikt nicht mehr aus: dass er täglich den Zerfall des weltweiten Ökosystems analysierte, mit seinen Studierenden über einen wertebewussten Umgang mit der Natur diskutierte – und seine Universität zugleich die Klimakrise befeuerte, indem sie ihr Geld in die Kohle-, Gas- und Ölindustrie investierte. Mikkelson sagt: ›Dieser Widerspruch war für mich zu groß, um ihn länger ertragen zu können.‹«[12]

Bei mir hat es ähnlich lange gedauert, bis sich meine inneren Konflikte in Handeln verwandelten. Nun stehe ich also an der Straße, habe einen grünen Turm voller Geldscheine im Wert von 6 800 Euro in meiner rechten Hand und blicke meinem Wagen hinterher. Der Mann mit der Tennisschlägertasche hat ihn mitgenommen. Letztlich lebe ich schon längst autofrei, denn das Teil wurde auch dank der freundlichen Unterstützung eines Marders immer mehr zur Belastung. Wie eine Klette, die ich nicht loswurde. Jetzt ist sie endlich weg und das Projekt erfolgreich abgeschlossen. Mein Fazit für den Gebrauchtwagenverkauf liegt auf der Hand. Verzichten Sie einfach auf den Kauf. So müssen Sie niemals die Torturen eines Weiterverkaufs eingehen. Herzlich willkommen, liebe Autofreiheit! Nur wie geht es jetzt weiter.

12 Die ZEIT: Nr. 12/2021, S. 27.

3 Neues Leben

Der Kauz

Loslassen fällt mir selten leicht. Und dafür muss ich nicht einmal wie Silvester Stallone als Cliffhanger über einer 500 Meter tiefen Schlucht hängen. Nun bin ich aus dem Auto ausgestiegen und werde nicht mehr einsteigen. Ich bin Aussteiger und Einsteiger zugleich. Aussteiger aus der Welt der fast unbegrenzten Reichweiten und Einsteiger in ein behindertes Leben. So dachte ich zumindest. Mein erstes Mal.

Zunächst stolpere ich in komplett neue Gesprächssituationen, in denen mir schlicht der richtige Wortschatz fehlt. Als ich bei Schnee mit einem Schlitten durch Kochel am See schlendere, spreche ich eine Spaziergängerin an, ob sie wisse, wo man hier am besten rodeln könne. Sehr freundlich lächelt sie mich an: »Da fahren Sie am besten weiter zum Walchensee.« Hä? Wie meint sie das mit weiter *fahren?* Wenn ich die Fensterscheibe eines Wagens heruntergekurbelt und sie vom Fahrersitz aus angesprochen hätte, dann wäre ihre Reaktion für mich nachvollziehbar gewesen. Nur bin ich zu Fuß unterwegs. Anscheinend gelten hier auf dem Land andere Routinen: Der Wagen ist für fast alle verfügbar, deshalb wird grundsätzlich nicht von einer Autofreiheit ausgegangen. Irritiert antworte ich: »Ich habe kein Auto« und ziehe weiter. Sobald ich um die nächste Kurve gebogen bin, fällt mir eine noch viel bessere Antwort ein. »Zum Walchensee komme ich heute nicht, denn ich lebe bewusst autofrei.« Das nächste

Mal weiß ich also, wie ich in solchen Momenten reagiere.

In meinem Freundeskreis war mein Autoverkauf kaum ein Thema. Das mag daran liegen, dass etwa die Hälfte ebenfalls kein Fahrzeug vor der Haustür stehen hat, wie ich bereits ausgeführt habe. In meiner Familie hat es durchaus Reaktionen gegeben. Ich wurde beglückwünscht zu meinem Schritt, der unserem Planeten CO_2, Feinstaub und weitere Gifte erspare und Bescheidenheit darstelle. Leider nein, so war es ganz und gar nicht! Das habe ich auch nicht erwartet. Vorwürfe allerdings ebenfalls nicht. Das Offensichtliche ist mir mal wieder entgangen. Greta Thunberg, ein Teenager aus Schweden setzt sich für die Überlebensfähigkeit unseres Planeten ein und vielen Menschen fällt dazu nichts Besseres ein, als sie dafür zu attackieren. Wir leben in einer Gesellschaft, in der das Wort *Gutmensch* als Schimpfwort für diejenigen verwendet wird, die anderen helfen wollen.

Die Familie ist meist die härteste Prüfung: »Ein junger Mensch wie du muss doch mobil sein!«, lautete eine Reaktion. »So kannst du überhaupt nicht mehr spontan vorbeikommen, um mich zu unterstützen!«, eine andere. Außerdem »kannst du dir das doch leisten!« – mit dem Unterton »du Knauser, Geizhals, Sparschwein«. Manchmal hatte ich auch den Eindruck, Irritation auszulösen, weil das eigene Verhalten als Fahrer*in infrage gestellt wurde. Gerade bei Menschen auf dem Land gilt man schnell als Kauz, nur weil man gerne Fahrrad oder Zug fährt. Hierzu erzählt der ZEIT-Redakteur Maximilian Probst in einem Artikel über die Zukunft unseres Planeten folgende Anekdote aus seinem Leben:

»Ein Großonkel von mir war ein echter Kauz, der nie gearbeitet hat, kaum gereist ist, kein Auto besaß und meist Kartoffeln aß. Er schrieb Gedichte über die Amsel vor seinem Fenster und den Ruf des Fasans im Park. In der Familie wurde er belächelt. Heute nötigt es mir Respekt ab, dass er

ein Null-Emissions-Leben mit regionaler Vertiefung lebte, unbeeindruckt von der energieverbrauchenden Ideologie des Schneller-Weiter-Mehr, die um ihn herum galt. Ich denke jetzt, dass wir mehr Menschen vom Format meines kauzigen Großonkels brauchen [...].«[13]

Nein, als Kauz würde ich mich (noch) nicht bezeichnen, nur weil ich Alternativen gefunden habe, die ein Auto schlicht und einfach ersetzen.

Spannend wird es bei meinem Telefonat mit Sabrina, genannt Bri. Sie ist ebenfalls Jahrgang 1980 und wir besuchten gemeinsam die Grundschule. Auch das Gymnasium starteten wir in derselben Klasse, bis ich wechselte und wir uns zwischenzeitlich zehn Jahre lang aus den Augen verloren. Mit Stolz erzähle ich ihr von meinem Buchprojekt über mein Loslassen vom *Gift des Autos*, als Bri mir euphorisch entgegnet: »Ich mache gerade den Führerschein!«

Bitte was? Habe ich gerade richtig gehört? »Du warst doch über Jahrzehnte zufrieden ohne Auto, dachte ich zumindest?« Als mein Staunen verflogen ist, sage ich: »Wir geben uns also die Klinke in die Hand.« Es entwickelt sich ein interessantes Gespräch, in dem ich Bri abschließend darum bitte, einen kurzen Gastbeitrag zu verfassen. Sie ist gleich einverstanden, was mich freut. Hier ist er:

»Jetzt weiß ich leider nicht so recht, wie ich anfangen soll ... Muss ich mich jetzt dafür rechtfertigen, dass ich jetzt, mit 40 Jahren, den Führerschein mache, jetzt, wo es dringender denn je wäre, auf das Autofahren zu verzichten? 22 Jahre so gut wie autofrei gelebt (bis auf die Urlaube), eingekauft für vier Personen, bei schlechtestem Wetter mit den Kindern alles zu Fuß oder öffentlich erledigt und dann dies? Ja warum eigentlich?

13 Die ZEIT Nr. 54/2020, S. 29.

Ich weiß so genau, dass es auch ohne geht, dass ich mir sehr sicher bin, dass ich das Fahren nicht überstrapazieren werde.

Aber die Möglichkeit, schwerere Gegenstände nach viel Bitten und Betteln nicht mehr von anderen transportieren lassen zu müssen, in Italien mitsamt den Kindern an die guten Strände außerhalb der Stadt zu kommen, meine Eltern und Verwandten auch selbstständig besuchen zu können, ohne gleich einen ganzen Tag oder ein ganzes Wochenende dafür zu verwenden, das lockt mich.

Aus, Basta, nicht mehr, und nicht weniger.

Wichtig ist doch vor allem das genaue Ausloten, ob es wirklich nicht eine Alternative zur Fahrt mit dem Auto gibt, oder? Würde das jeder tun, dann wäre schon vieles getan...«

Natürlich respektiere ich Bris Entscheidung. Im Vergleich zu mir hat sie noch 150 000 Auto-Kilometer Guthaben.

Mein Loslassen vom Auto hat neue Türen in meinem Leben aufgestoßen, die mir Lebendigkeit eröffnet haben. Da ich zum einen diese Entscheidung unabhängig treffen konnte und zum anderen bestens mit den neuen »eingeschränkten« Mobilitätsvoraussetzungen umgehen kann, erfüllt mich eine starke Emotion der Selbstwirksamkeit. Sie gibt mir auch die Kraft, noch aktiver für den Erhalt unserer kostbarsten Schätze auf Erden zu werben. Immer öfter gehe ich mit dieser Energie in das (kritische) Gespräch mit Menschen, wie sich noch herausstellen wird.

Sechs Sorten Marmelade

Warum habe ich mehr als zwei Jahrzehnte am Benziner festgehalten? Warum nur konnte ich nicht loslassen? Ein Grund war der Irrglaube, dass mehr persönliche Reichweite zu mehr Freiheit und damit auch Zufriedenheit führen würde. Laut dem Soziologen Hartmut Rosa ist ein zentrales Bestreben unserer Zeit die Vergrößerung der eigenen Reichweite. Allerdings verfehlt, so Rosas These, dieser Versuch, die Welt verfügbar machen zu wollen, sein Ziel und führt zu Entfremdung von Mensch und Welt. Mehr noch. Das Unverfügbare kehrt als *Monster* zurück:

» Diese(s) erfährt jeder, der etwa versucht, die Scheiben seines Autos herunterzulassen oder die elektronische Handbremse zu lösen, wenn die Elektronik des Wagens blockiert. Lappalien, die noch vor wenigen Jahren mit ein paar Handgriffen verfügbar zu machen oder zumindest mit einem Hammer zu beheben waren, bedürfen jetzt des Abschleppwagens und teurer Ersatzteile, vielleicht wochenlangen Wartens. Und wer einmal von seinem eigenen Auto eingeschlossen wurde, weil der Diebstahlschutz (Deadlock) unerbittlich zugeschnappt und nicht zu überlisten war, hat am eigenen

Leibe erfahren, welch monströse Formen diese neue Art der Unverfügbarkeit annehmen kann.«[14]

Hier legen Sie vielleicht Einspruch ein. Denn mehr Reichweite bedeutet mehr Möglichkeiten. Und was kann daran schon verkehrt sein? So steht mir frei, ob ich am Sonntag mit den Kindern in den Naturpark, in das Schwimmbad, in den Freizeitpark, zum Gokartfahren, zum Minigolfspielen, ins Kino, zum Wandern, zu den Großeltern, zum Angeln oder anderswohin fahren möchte. Alles im Umkreis von, sagen wir 100 Kilometern, ist möglich. Super! Oder etwa nicht?

Der Psychologe Barry Schwartz beschreibt in seinem Buch *The Paradox of Choice,* warum weniger oft mehr ist. In einem Experiment wurden auf einem Markt zwei Stände mit Marmeladen aufgebaut. An dem einen gab es sechs Sorten Marmelade zu kaufen. An dem zweiten vierundzwanzig Sorten. Welcher Stand war wohl erfolgreicher bei den Kunden*innen? Zwar zog letzterer mehr Personen an, verblüffender Weise kauften jedoch 30 Prozent der Kund*innen an Stand eins ein und nur drei Prozent der Kunden*innen an Stand zwei eine Marmelade. Weniger Angebot führte also zu deutlich mehr Kaufentscheidungen. Warum ist das so? Laut Schwartz trauern wir bei einer größeren Auswahl den zu erwartenden verpassten Chancen hinterher und unterlassen eine (Kauf-)Entscheidung deshalb lieber ganz.

Selbstverständlich haben wir auch ohne Nutzung eines Automobils grundsätzlich eine hohe Anzahl an Möglichkeiten für Unternehmungen am Sonntag. Gott sei Dank! Nur das Argument, eine weitere Erhöhung an Möglichkeiten sei stets positiv, ist zu hinterfragen.

Unendlich viele Entscheidungen *können* – oder sollte man besser sagen *müssen* – wir heute dank unserer Super-Handys

14   Rosa, Harmut (2018): Unverfügbarkeit, S.124 f.

treffen. Allein die Kamerafunktion ermöglicht das Schießen einer fast unendlich hohen Anzahl von digitalen Fotos. Gerade im Urlaub stellt sich die Frage nicht mehr, ob man lieber Bilder am Strand, vor dem Ferienhaus, während der Ausflüge oder beim Abendessen festhalten sollte. Man hält einfach immer drauf. Klick, klick, klack. Das Ergebnis: noch mehr Entscheidungen bei der Auswahl für das Album oder einfach Datenmüll. Während meiner Pilgerreise in Frankreich lasse ich deshalb den Super-Alleskönner zu Hause. Eine der besten Entscheidungen der letzten Jahre, auch wenn es keine leichte war. Ließ ich doch Routenplaner, Bahnauskunft, Simultanübersetzer (ich spreche kein Französisch), Google, MP3-Player und die integrierte Kamera auf dem Sofatisch zu Hause liegen. Nur auf Bilder wollte ich nicht verzichten.

Deshalb besorgte ich mir eine analoge Einmalkamera für die Reise. Sie konnte exakt 26 Momente festhalten, was im Schnitt die Möglichkeit von ein bis zwei Bildern pro Tag ergab. Zwar schoss ich manchmal zu früh am Tag, denn es kamen noch »lohnenswertere« Motive. Ein anderes Mal bereute ich, nicht gleich am Morgen abgedrückt zu haben. Vor allem bei Gruppenfotos war es jedoch immer ein absolutes Highlight, den Jüngeren erst einmal zu erklären, wie ein analoges Foto entsteht. Da muss man vorab das Rädchen drehen, anschließend gibt es nur *einen* Versuch, und wahrscheinlich das Tollste: Man kann das Bild erst Wochen später sehen, falls das Labor seinen Job gemacht und man die Filmrolle nicht verloren hat. Jedes einzelne Foto wurde gefeiert wie der Zieleinlauf bei einem Marathon oder eben einer Pilgerreise. Und wie konnte das sein? Weil es statt unendlich viele nur 26 Schnappschüsse waren.

17 Grad

Mein Onkel legt seinen Autoschlüssel auf den Tisch und schaut mich besorgt an: »Es ist eiskalt draußen! Nimm das Auto und bring es morgen zurück.« Es ist Mitte August und ich bin abends bei meiner Familie zu Besuch. Die Sonne ist bereits untergegangen. Mit dem Fahrrad werde ich noch zehn Kilometer für die Fahrt nach Hause abspulen. Zumindest war das mein Plan. »Es ist eiskalt!«, wiederholt er mahnend. Für routinierte Dauer-Autofahrer gibt es im Kopf anscheinend vereinfachte Schaltkreise, wie: Dunkel + etwas kühler als nachmittags = ohne Auto kommt man heute nirgendwo mehr hin. Alles andere wäre beschwerlich oder gar gefährlich. »Es ist eiskalt, ich bin selbst gerade zwei Stunden mit dem Fahrrad gefahren. Du brauchst Handschuhe«, argumentiert mein Onkel. Ich fühle mich in die Ecke gedrängt und aufgefordert, mich zu rechtfertigen. Familienbesuche fühlen sich für mich manchmal wie ein Besuch auf einem heißen Stuhl an. Wie bei einem Boxer vor dem Einstieg in den Ring ist eine mentale Vorbereitung zwingend erforderlich. Wie bei einem Vorstellungsgespräch ist die innere Haltung entscheidend. Entspannt, selbstbewusst und schlagfertig. Unvorbereitet bist du verloren. Aus dem hervorragenden Buch *Argumentieren unter Stress* von Thiele habe ich gelernt, dass die Rückführung auf die Sachebene meist der Schlüssel zum Erfolg ist. Nur was ist in diesem Augenblick die Sachebene?

Ich springe von meinem Sessel, sprinte Richtung Fenster und leuchte mit meiner Taschenlampe auf das Thermometer, welches davor befestigt ist: »Siebzehn Grad«, rufe ich durch das Wohnzimmer. »Das ist *nicht* eiskalt!« Mein Onkel scheint beeindruckt und verstummt. Er taumelt, was mich zu einem weiteren Argumentationsschlag ansetzen lässt. Ich stürme zu meinem Rucksack und peitsche hintereinander auf den Tisch: meinen Pullover, meinen Fleece, meine Jacke! Die Augen meines Onkels funkeln beeindruckt: »Ich wollte dir das Auto nur angeboten haben«, grummelt er. Anschließend radle ich los und muss nach zehn Minuten absteigen, um meinen Fleece auszuziehen. Mir wurde heiß.

Einige Wochen später bin ich wieder an gleicher Stelle. Meine Großmutter wünscht sich, dass ich ihr ein paar Stiefmütterchen kaufe. Diese Blumen sind kälteresistent und daher ideal, denn der Winter kündigt sich bereits an. Die Strecke zur Gärtnerei ist zwei Kilometer lang – oder besser gesagt kurz. Denn mein Fahrrad steht vor der Tür. Ich verabschiede mich, als meine Oma fragt, ob ich nicht ihr Auto nehmen möchte. Ich bedanke mich und verneine mit dem Verweis auf die kurze Strecke und mein vorhandenes Fahrrad. Auf der Treppe nach unten treffe ich meine Tante und verabschiede mich ebenfalls. Und auch sie, Déjà-vu, bietet mir ihren Autoschlüssel an. Wieder bedanke ich mich und verweise auf eben genanntes. Die These bestätigt sich immer wieder. Sobald ein Wagen vor der Türe steht, besteht die weitverbreitete Überzeugung, diesen auch nutzen zu müssen. So als wäre es die beste Möglichkeit oder gar eine Sünde, es nicht zu tun. Wie angenehm, dass zumindest vor meiner

Haustür keine benzinbetriebene Maschine mehr steht. Sie ist bereits obsolet.

Tesla Model Null

Mein neues Leben der Autofreiheit prallt immer wieder auf enorme Kontraste. Meinen Kumpel Joe kenne ich seit über einem Jahrzehnt und seine Beziehung zu Automobilen war seit jeher eine besondere. Mit leuchtenden Augen berichtete er gerne von seinen Träumen, die sich um PS-Zahlen und Aerodynamiken drehten. Am Telefon erzählt er mir nun von schlaflosen Nächten, denn er hat sich tatsächlich dazu durchgerungen, ebenfalls seinen Wagen zu verkaufen. Verständnisvoll höre ich Joe zu, auch wenn ich hier erwähnen sollte: Er hat noch drei weitere Mobile in der Garage stehen. Je länger er von seiner Erfahrung des Loslassens berichtet, desto stärker wird mein Wunsch, das alles festzuhalten. Hier ist Joes Bericht im Original:

»Sich von seinem einzigen Auto zu trennen, mag schwierig sein, aber nicht so schwierig, wie sich von einem von vielen zu trennen.

Seitdem ich denken kann, gibt es in meinem Leben eigentlich nichts Wichtigeres als Autos. Seit Anfang des Jahres habe ich dann endlich den Idealzustand erreicht, als mein Fuhrpark vier Fahrzeuge umfasst:

Ein Tesla Model X SUV als Firmenwagen und gleichzeitig mit sieben Sitzen groß genug für die ganze Familie. Zudem elektrisch motorisiert und damit voll im Trend.

Ein Alfa 75, Baujahr 1992, seit über einem Jahrzehnt in meinem Besitz. Mit Transaxel–Bauweise und sahnigem V6. Eine sehr günstige Möglichkeit, unscheinbar sportlich unterwegs zu sein.

Letzten Sommer kam ein VW T6 dazu, ausgebaut zum Camper, nachdem Corona das Reisen erschwert. Für ein besseres Gewissen vermiete ich ihn zwischenzeitlich bei Paul-Camper.

Seitdem ich meinen ersten Maserati auf dem Nürburgring in eine Leitplanke gesetzt hatte, saß der Schmerz tief. Seit Anfang des Jahres habe ich endlich einen adäquaten Ersatz gefunden, sodass nun wieder ein Maserati in der Garage steht.

Vor einiger Zeit hatte ich den Tesla bei mobile.de zum Verkauf inseriert. An das, was mich dazu veranlasst hatte, kann ich mich schon gar nicht mehr genau erinnern. Jedenfalls war ich enttäuscht, dass es zu dem hohen Preis, zu dem ich ihn inseriert hatte, keine ernsthaften Interessenten gab. Mal abgesehen von einigen unseriösen Angeboten. [...]

Nachdem ich das Inserat immer wieder rausgenommen hatte, meldete sich kürzlich der erste ernsthafte Interessent. Mein Vorteil war, dass Tesla Lieferschwierigkeiten und die Preise merklich angehoben hatte. Die Nachfrage nach meinem Tesla war also plötzlich sehr groß.

Die ersten Nächte und Tage nach diesem Anruf waren für mich die Hölle. Der Tesla ist so ein tolles Auto, dass es mir wahnsinnig schwerfällt, mich von ihm zu trennen. Eigentlich würde ich gar nicht verkaufen wollen und es gab eigentlich auch keinen Grund dazu.

Nach längerem Überlegen fiel mir dann auch wieder ein, warum ich ihn eigentlich inseriert hatte. Ich wollte eine Bestätigung dafür, dass ich ein werthaltiges Auto gekauft hatte, dass ich jederzeit, wenn auch nicht mit Gewinn, dann aber zumindest ohne Verlust wieder verkaufen konnte. Diese Bestätigung hatte ich durch den ernsthaften Interessenten erhalten.

Nach einigen Gesprächen mit meiner Frau und einem Freund reifte dann immer mehr der Gedanke, dass der Verkauf doch eine gute Idee sei. Zum einen könnte ich zum halben Preis ein Tesla Model 3 anschaffen oder einfach die neu gewonnene finanzielle Erleichterung genießen.

Ich war überrascht, wie sehr ich doch an diesem materiellen Gegenstand Auto hing. Noch ein Grund für den Verkauf war, die Erfahrung zu machen, sich von einem Gegenstand, an dem man sehr hängt, zu trennen. Letztlich sind es doch die immateriellen beziehungsweise geistigen Dinge, die wirklich wichtig sind.

Nachdem der Kaufvertrag unterschrieben ist, habe ich ein sehr gutes Gefühl beim Käufer und freue mich, dass mein Auto in so gute Hände gelangt.

Die nächsten Tage und Wochen, vielleicht auch Monate, will ich die Freiheit genießen, mir eventuell ein anderes Auto anzuschaffen, im Internet nach anderen Autos zu suchen und am Ende dann doch keines zu kaufen. Die Vorfreude auf ein Auto ist doch das Schönste, wobei ich auch jedes Mal viel Freude daran habe, je nach Lust und Laune mein eines oder anderes Fahrzeug zu fahren.

Ob ich mich noch von weiteren Fahrzeugen meines Fuhrparks trennen werde, weiß ich noch nicht, kann ich aber auch nicht ausschließen. Was mich dazu motivieren könnte, wäre tatsächlich das Geld, das ich dadurch einsparen würde und die neuen Möglichkeiten, die sich daraus ergeben würden: Sei es weniger zu arbeiten und eine größere finanzielle Unabhängigkeit. Das hängt davon ab, wie sich die nächsten Tage und Wochen anfühlen.«

Einige Tage nach unserem Telefonat erhalte ich eine E-Mail von ihm. In dieser berichtet Joe, dass er nun stärker ein Gefühl der Freiheit verspürt.

ASLSP

Die Beschleunigung eines Flohs ist schneller als die eines Teslas. Die Entschleunigung ebenfalls. Unser Leben hat sich in den letzten Jahrzehnten stark beschleunigt. Entschleunigung ist ein Modewort, denn viele von uns sehnen sich danach. Nur was verbirgt sich dahinter? Die Wortbedeutung suggeriert das Gegenteil von Beschleunigung, also Verlangsamung oder sogar Bremsen. Die Hamsterrad-Industrie hat dazu passende Angebote erstellt: »Entschleunigung für Manager in zwei Tagen: Ein Wochenende in den Bergen«. Wie beim Boxenstopp in der Formel 1 soll die »Maschine Mensch« runderneuert werden. Möglichst schnell, damit keine Zeit verloren geht. Diese Art der Entschleunigung folgt der gleichen Logik wie die der Beschleunigung: möglichst schnell und effektiv ans Ziel zu kommen.

Die ständige Beschallung durch unsere Smartphones, um uns möglichst oft zu Konsument*innen zu machen, beeinträchtigt unsere Wahrnehmung. Allerdings war das auch schon früher ein Thema unserer Gattung, wie folgendes Beispiel nahelegt: Im Jahr 1961 hing das Bild *Le Bateau* von Henri Matisse für stolze 47 Tage verkehrt herum im Museum of Modern Art in New York City. Weder das Personal noch eine(r) der mehr als 160 000 Besucher*innen hat es bemerkt. Meinen Sie, jemandem wäre es aufgefallen, wenn statt Hunderter Bilder nur dieses eine dort gehangen hätte?[15]

In welchem Takt gehen wir durch das Leben? John Cage, einer der einflussreichsten Komponisten des 20. Jahrhunderts, hatte ein Faible für die Entschleunigung. Sein Musikstück Organ[2] trug den Beinamen ASLSP (as slow as possible) und war ein Fingerzeig auf die Abkürzung ASAP (as soon as possible), die in der Geschäftswelt im Betreff von E-Mails zu finden ist. Das Orgelstück darf langsam gespielt werden. Im Jahr 2001 fand in Halberstadt (Sachsen-Anhalt) die längste Darbietung dieses Liedes statt. Wie lange könnte ein Song Ihrer Meinung nach dauern? Die Aufführung begann am 5. September 2001. Nachdem das Stück aber mit einer Pause anfängt, erklang der erste Ton erst am 5. Februar 2003. Danach gab es pro Jahr ein bis zwei Tonwechsel. Seit dem Jahr 2013 spielte ein Fünfklang unverändert fast sieben Jahre lang. Zum Tonwechsel im September 2020 erschienen zahlreiche Schaulustige aus ganz Europa in der Kirche in Halberstadt. Die Aufführung endet im Jahre 2640.

Meine Autofreiheit hat mich gelehrt, was Entschleunigung für mich bedeutet. Früher gab es Tage, an denen ich morgens in den Bergen wanderte, nachmittags am See döste, kurz vor Ladenschluss in den Baumarkt sauste und abends in der Stadt mit Freunden feierte. Der gesamte Tag war auf die Minute durchgeplant und ich hakte jede Station ab wie eine To-do-Liste. In einem Radius von 100 Kilometern habe ich mir den Ort ausgesucht, der für die gewünschte Aktivität am passendsten erschien. Grundsätzlich waren das auch schöne

---

15 Pulpmedia (2012): Die Freiheitsstatue hat Schuhgröße 1200, S. 196.

Tage mit vielen Eindrücken. Nur Entschleunigung im eigentlichen Sinne war es selten. Aber was ist es dann?

Für mich bedeutet es Verweilen an einem Ort. Ein autofreies Leben erleichtert die Entscheidung für das Innehalten an einem Ort ungemein. Denn für die Anreise zu Fuß, mit dem Fahrrad oder der Bahn investiert man meist deutlich mehr Zeit. Auch wenn wir Zeit nicht sparen können, so ist der Aufwand doch ungleich höher, als wenn wir mit dem Auto oder Hubschrauber unterwegs wären. Es wäre mir einfach zu anstrengend, mit dem Fahrrad 100 Kilometer zurückzulegen, um in den Bergen zu wandern oder am See zu spazieren. Folglich wähle ich das *nahe* liegende und bleibe gerne dort, wo ich gerade bin. Das kann die Parkbank, das Seeufer, das Café in der Innenstadt, die Ferienwohnung auf dem Land oder die Hütte in den Bergen sein.

Letztlich kann ich überall zufrieden und glücklich sein. Mit vertrauten Menschen, einem inspirierenden Buch, grandioser Musik oder einer leckeren Mahlzeit. Der Ort ist sekundär. Der Tag wird also nicht zerhackt wie eine Nuss, die man in viele Stücke teilt. Der Tag bleibt auch mal ganz. Eigentlich naheliegend, nicht wahr?

Jetzt schrillen vielleicht Ihre Alarmglocken, wenn Sie vom Verweilen an einem Ort lesen. Verweilen klingt so ähnlich wie Langweilen. Ja, was passiert eigentlich, wenn mir dann langweilig wird? Genau darum geht es! Wann haben Sie sich zuletzt gelangweilt? Wenn etwas lange weilen soll, dann darf es – nein, es muss sogar – langweilen. Wenn ich aus dem Hamsterrad aussteigen möchte, dann darf ich zwangsläufig mal nichts tun, sonst verbleibe ich in der Effizienz- und Beschleunigungslogik, die in Freizeitstress münden kann. Haben Sie heute schon *nichts* gemacht?

Björn Kern hat ein Plädoyer für das Nichtstun erschaffen. In *Das Beste, was wir tun können, ist nichts* schreibt er: »*Verkaufen Sie bitte Ihr Auto. Mehr Nichtstun lässt sich nicht auf einen Schlag gewinnen. Sie sind nun vom TÜV-Zwang befreit. Sie müssen nicht mehr auf dieses seltsame Bremsgeräusch hören. Sie können sich von Ihrer Werkstatt verabschieden. Sie müssen keine neuen Scheibenwischer mehr kaufen. Sie brauchen Autoschlüssel und Wagenpapiere nicht mehr zu suchen. Sie müssen nicht mehr im Stau stehen, keine Umleitungen mehr fahren und keinen Parkplatz mehr suchen. Seien Sie vorsichtig. Sie haben mit einem Schlag so viel Zeit eingespart, dass Sie das Nichtstun kalt angehen könnte.*«[16]

John Cage nannte übrigens sein Stück *4,33* als das wichtigste, das er jemals geschrieben hat. Es dauert vier Minuten und 33 Sekunden, startet mit einer Pause, gefolgt von einer weiteren Pause und endet: mit einer Pause. Es besteht aus nichts. Keine einzige Note ertönt! Ohne die Stille könnte kein Klang jemals einen Raum ausfüllen. *4,33* wurde von zahlreichen Künstler*innen und ganzen Orchestern live aufgeführt. Immer mit großem Erfolg und gefolgt von tosendem Applaus. Grandiose Videos davon finden Sie online.

Hätte ich mir diese Erfüllung durch Entschleunigung jemals vorstellen können? Nein! Denn die *Vorstellung stellt* sich manchmal *vor* das, was wirklich dahinter ist. Und das lässt sich vorab nicht erkennen.

16   Kern, Björn (2016): Das Beste, was wir tun können, ist nichts, S. 56.

Das Wollen

Das Haus meiner Großmutter war in meiner Kindheit ein Synonym für meine persönliche Rehaklinik. Sobald ich krank wurde, fuhr mich meine Mutter hierher, damit ich in Ruhe genesen konnte. Meine Mutter war voll berufstätig und alleinerziehend. Mehr als drei Jahrzehnte später ziehe ich nun wieder in das Haus ein, um meine Oma eine Woche lang zu unterstützen, denn mit 101 Jahren ist sie wahrlich nicht mehr die Jüngste. Die Rolle des Fürsorgenden übernehme dieses Mal ich.

Auch wenn sie nicht mehr selbst Auto fährt, hat sie noch ein sehenswertes Exemplar in der Garage stehen: ein Mercedes Cabriolet. Heute stand ein Tagesausflug auf dem Programm. Das heißt ich steuere den Wagen und meine Großmutter entspannt sich auf dem Beifahrersitz. Als wir zurückkehren und das Cabriolet langsam auf dem Kies vor dem Haus ausrollt, sage ich: »Oma, du darfst aussteigen, wir sind da.« Während der einstündigen Fahrt hatte sie wenig gesagt. Sie schien müde und erschöpft und ihre Augenlider fielen immer wieder zu: »Oma, du darfst jetzt aussteigen«, wiederhole ich. Mit einem Ruck schwenkt sie ihren Kopf in meine Richtung. Ihre Augen funkeln nun und mit fester Stimme verkündet die 101-Jährige, als würde sie auf dem Podium des Bundestags debattieren: »Gib mir den Schlüssel, *ich* fahre den Wagen in die Garage!« Bitte was?, denke ich, denn eigentlich bin ich sprachlos.

Meine Großmutter machte ihren Führerschein im Alter von 41 Jahren und besuchte die Theoriestunden gemeinsam mit ihrem bereits volljährigen Sohn. Sie fuhr bis in ihre Neunziger noch regelmäßig mit dem Auto zum Bridge spielen. Später versteckte ein Sohn von ihr den Autoschlüssel oder zwickte die Batterie ab, weil er der Meinung war, es wäre besser so. Wie wird man eigentlich so alt, frage ich mich oft. Die besondere Ernährung stellte eher nicht die Essenz ihres Altertums dar. Zum Frühstück gibt es bei Oma Weizensemmeln, dazu schwarzen Tee, in den sie stets zwei bis drei gehäufte Löffel Zucker versenkt. Salat mochte sie nie. Doch eines trug sie immer mit sich, das vielleicht der Grund für ihr hohes Alter ist: einen starken Willen!

Mit 92 Jahren legte sie sich ein iPad zu und googelte sich von nun an durch das World Wide Web. Mit 98 Jahren verkündete sie: »Ich möchte jetzt auch ein Smartphone!« Es war ihr anscheinend aufgefallen, wie oft die sie Besuchenden in das kleine Gerät starrten. Entgegen der Zweifel einiger Familienmitglieder schickte sie bald die ersten Whatsapp-Nachrichten in Gruppenchats. Und selbst Gartenarbeit erledigt sie heute noch in homöopathische Dosen. Aber Auto fahren?

Nun wiederholt sie ihre Worte: »Gib mir bitte den Schlüssel, dann fahre ich den Wagen in die Garage.« Da war er wieder, der starke Wille. Durch meinen Kopf schießen Gedanken zu dem teuren Mercedes, der groß und breit geformt ist. Die Garage dagegen, ein Relikt aus den fünfziger Jahren, als man noch kleine Limousinen baute, ist schmal und kurz.

Andererseits ist sie die Eigentümerin des Wagens und hat eine gültige Fahrlizenz. Außer ihr und dem Auto kann niemand zu Schaden kommen. Eine Verweigerung würde einer Entmündigung gleichkommen. Das will ich nicht. Was soll ich jetzt machen?

Mit einem mulmigen Gefühl in der Magengegend lege ich die Parkposition ein, greife mit der linken Hand an den Türöffner und schwinge mich vom Fahrersitz. Ich gebe die Verantwortung ab. Diese trägt nun Oma und sie wird *Antwort* geben. Sie bewaffnet sich mit ihren zwei Stöcken, umkreist den Wagen und sitzt nun auf dem Fahrersitz. Ich bleibe draußen stehen, um im Fall der Fälle Warnrufe absetzen zu können. Vor meinem inneren Auge erscheint ein Mercedes, der nur noch aus einem Haufen Schrott besteht. Vor einem Tribunal muss ich mich den Fragen der Onkel, Tanten und Cousins stellen. Wie konntest du das zulassen? Ich schlucke, denn mein Rachen ist staubtrocken.

Die 1,5 Tonnen aus dem Baujahr 1997 rollen nun wieder auf dem Kies, die Fahrerin am Steuer ist Baujahr 1919. Mit großem Bogen steuert sie auf die mir immer winziger erscheinende Garage zu. Mein starrer Blick klebt an beiden Außenseiten. Sieht gut aus! Der Wagen schiebt sich in sein Haus und kommt kurz vor der Betonwand zum Stehen. Erleichterung! Routiniert legt die über 100-Jährige die Parkposition des Steuerhebels ein, steigt mit Schwung, fast wie ein junges Mädchen, aus und reicht mir den Autoschlüssel: »Schau, im Auto fühle ich mich sehr sicher.«

Die Verlockung

Die Menschheitsgeschichte zeigt, dass unsere Gattung gerne neue Technologien als Heilsbringer sieht, um vorhandene Probleme zu lösen, dabei aber gerne die Nachteile der neuen übersieht. Die amerikanischen Großstädte hofften durch die Einführung von fossil betriebenen Kraftwagen, die Nachteile zu beseitigen, die sich damals aus der großen Anzahl von Pferden in den Städten ergaben. Die Tiere boten zu dieser Zeit neben der Eisenbahn die schnellste Möglichkeit sich fortzubewegen:

» Um ein Pferd zu füttern, bedurfte es zwei Hektar Land, so viel, wie zur Ernährung von acht Menschen nötig war. In Australien, wo um 1900 ein Pferd auf zwei Menschen kam, musste ein bedeutender Anteil der Getreideproduktion des Landes für die Erhaltung der Pferde aufgewendet werden. In den USA wurde im Jahr 1920 auf einem Viertel allen Ackerlandes Hafer angebaut. Der Hafer war die Energiequelle für das auf Pferdekraft beruhende Transportproblem. Die Versorgung der Tiere war aber nur ein Teil des Problems. Die Pferde verschmutzten die Straßen mit tausenden Tonnen Mist. Die Städte begannen zu stinken, der Mist lockte Flie-

gen an, Krankheiten breiteten sich aus. In den Großstädten mussten jährlich 10 000 bis 15 000 Pferdekadaver von der Straße geräumt werden. Zu den Verlockungen des Automobils gehörte daher um 1910 neben seinen vergleichsweise glimpflichen Emissionen auch die Hoffnung, dass es die Städte von den Umweltproblemen, die die Pferde schufen, befreien würde.« [17]

Heute wissen wir, dass die fossilen Antriebe zu einer Reihe von neuen Problemen auf Mikro- (in den Städten) und Makroebene (Klima) führen und wir dringend eine bessere Alternative benötigen. Das Elektroauto erschien lange als der Heilsbringer. So dürfen die Hersteller sie mit null Gramm CO_2 pro 100 Kilometer betiteln, was den völlig falschen Eindruck erweckt, sie seien nicht umweltschädlich. Die zentralen Probleme – der enorme Platzbedarf, vor allem in den Städten, sowie die Lärmthematik – sind damit nicht gelöst. Denn nicht etwa der Motor, sondern das Rollgeräusch der Reifen stellt die bedeutende Geräuschquelle dar. Bremsen und Reifenabrieb erzeugen immer noch Feinstaub sowie Mikroplastik. Bei Elektroautos stehen zudem die nicht gelöste Recyclingfrage der Batterien sowie die Gewinnung der Rohstoffe, wie Kobalt für die Batterien, zusätzlich in der Kritik.

Selbst ambitionierte Autopioniere wie Sono Motors, für die Ressourcenschonung im Mittelpunkt steht, haben hierfür noch keine Lösungen gefunden. Der *Sion* ist eine Vision, die im Jahre 2023 auf unseren Straßen rollen soll. Das Münchner Start-up baut ein Automobil, das es noch nie gab. Die Karosserie des Wagens besteht hauptsächlich aus Solarzellen und kann überschüssigen Strom an andere Sions abgeben oder als Generator verwendet werden. So kann der Wagen

---

17   McNeill, John (2003): Blue Planet, S. 328. In: Welzer, Harald (2013): Selbst denken – eine Anleitung zum Widerstand, S. 107.

mit einer Ladung etwa sieben Tage lang den Strom für einen Haushalt decken. Sion möchte ein enkeltaugliches Unternehmen sein. Dazu gehört auch Transparenz. So schreibt das Unternehmen der Kobaltabbau in Afrika sei »intransparent, unkontrolliert und ohne menschlichen Schutz«.

»*Die Gründe dafür sind seit langem bekannt. Nach weithin anerkannten Statistiken des United States Geological Survey befindet sich mehr als die Hälfte der bekannten Kobaltreserven in der Demokratischen Republik Kongo. Etwa zwanzig Prozent des [...] dort abgebauten Kobalts stammen aus kleinen Bergwerken, in denen selbstständige Bergleute das Metall unter oft lebensbedrohlichen Bedingungen abbauen. Die Minenschächte werden mit einfachsten Werkzeugen, ohne Sicherheitsausrüstung und ohne ausreichende Belüftung gegraben. In sehr wenigen Fällen wird auf die Arbeitssicherheit und die Einhaltung von Sicherheitsmaßnahmen geachtet. In den Schächten, die manchmal doppelt oder sogar dreimal so tief sind wie die gesetzlich zulässige Höchsttiefe von 30 Metern, riskieren die Arbeiter jeden Tag ihr Leben, wenn sie ohne das Tragen von Masken und Sicherheitsvorrichtungen nach kobaltreichem Erz graben. Häufig kommt es zu Unfällen und sogar Kinder helfen in den Abbaugebieten und sind Teil dieser illegalen Form des Kleinbergbaus. Die Bundesanstalt für Geowissenschaften und Rohstoffe schätzt, dass trotz eines offiziellen Verbots der Regierung, rund 200 000 Kongolesen den Gefahren dieser Arbeit ausgesetzt sind.*« Und weiter: »*Angesichts der Komplexität der Batterie-Lieferkette ist es fast unmöglich, genau nachvollziehen zu können, woher das im Sion verwendete Kobalt tatsächlich stammt.*«[18]

18 https://sonomotors.com/de/blog/fair-cobalt-alliance [Aufruf am 26. 10. 2020].

Das Unternehmen erhofft sich zwar mit der Teilnahme an der Initiative Fair Cobalt Alliance langfristig eine Verbesserung. Doch der Status quo ist ein noch anderer.

»History does not repeat itself in the same but in similar ways«

So wie sich die Menschen um das Jahr 1900 von den neuen, fossil angetriebenen Maschinen Lösungen für Probleme versprachen, kann es uns heute mit der E-Mobilität ergehen. Wenn wir statt 50 Millionen Benzinern oder Diesel-Pkw morgen 50 Millionen E-Autos in Deutschland stehen und fahren hätten, wäre wenig gewonnen. Und viele Fragen blieben offen: Wie kann die große Menge an grünem Strom hergestellt werden? Woher sollen die enormen Ressourcen entnommen und wie können sie recycelt werden? Wie werden sich die Stau-, Platz- und Lärmprobleme lösen lassen? Aus meiner Sicht gibt es eine viel einfachere und – hier erlaube ich mir das Wort zu nutzen – *nachhaltigere* Lösung: Autofreiheit. Sie ist legal, kostenfrei, gesund und schnell umsetzbar.

Der Zu-Fall

Corona fesselt mich an das eigene Sofa. Allerdings nutze ich die Onlineangebote und lausche heute einer Live-Podiumsdiskussion zur Zukunft des Autos in der Stadt. Es stehen sich zwei Kontrahenten gegenüber. Auf der einen Seite des »Rings« befindet sich – nennen wir ihn an dieser Stelle Dr. Mobile – ein Angestellter eines großen Automobilkonzerns. Auf der anderen Seite ein Kritiker der autovollen Stadt. Mit gespitzten Ohren lausche ich den Ausführungen der beiden, wobei mir Dr. Mobile einen stetig steigenden Blutdruck beschert.

Klimakrise? Gibt es nicht. Man müsse nur Klimazertifikate einführen, dann sei »der Drops gelutscht«. Wir haben noch »viel Zeit« bis 2050. Und immer wieder bringt er die gleiche Metapher aus dem Fußball. Die erste Halbzeit sei vorbei, aber die zweite sei spielentscheidend. Gut, das schreit nach einem Faktencheck. Das Auto wurde um das Jahr 1900 erfunden. 120 Jahre haben sich also bereits in die falsche Richtung entwickelt. Jetzt bleiben laut Dr. Mobile noch dreißig Jahre, um das Ruder herumzureißen? In seiner Metapher steht es zwölf zu null und es verbleiben dreißig Spielminuten.

Er spricht sich lieber indirekt gegen den Ausbau des ÖPNV aus, denn das hätte in Paris oder London ja auch nicht den Verkehrskollaps verhindert. Das ist die Logik des Dr. Mobile. Irritierenderweise streut er in seinen eloquenten Vortrag auch Zitate von Philosophen wie Kant ein.

Sein Kontrahent punktet dagegen mit dem Beispiel Kopenhagen, das es zu einer Fahrradstadt geschafft hat. Und wie kontert Herr Dr. Mobile? Er bezeichnet die Fahrradstadt als »Mythos Kopenhagen«. Wie bitte? Mythos? Wie meint er das? Ich frage Google, das für alle Theorien dieser Welt Tausende Suchtreffer bereithält. Und was spuckt Google beim Begriff »Mythos Kopenhagen« aus? Zero. Null Treffer! Nun, anscheinend ist die Phrase einfach eine Erfindung von Dr. Mobile. Zu gerne würde ich mit ihm darüber in den Diskurs gehen.

Die Liveshow fand an diesem Montag statt. Heute ist Donnerstag und noch immer spult mein Kopf die Realitäten von Dr. Mobile ab. »Mythos Kopenhagen«. Wie kommt er darauf?, raunt es durch meine Gehirnkanäle. Nun steige ich auf mein Fahrrad und radle zu meiner Schreibwerkstatt. Das Schicksal ließ mich dreißig Minuten früher als nötig starten, damit ich noch Zeit zum Verbummeln habe. In diesem Moment kann ich nicht ahnen, was mir gleich zufallen wird. An einer Ampel stehend beobachte ich ein einparkendes Auto. Der Fahrer kommt mir irgendwie bekannt vor. Er sieht aus wie Dr. Mobile. Fasziniert von der Ähnlichkeit verharrt mein Blick auf ihm bis die Ampel auf Grün schaltet. Nun fahre ich direkt an dem parkenden Wagen vorbei und sehe, dass der Fahrer in keiner Weise aussieht *wie* Dr. Mobile. Nein: Das *ist* Dr. Mobile! Unfassbar.

Zusätzliche Gewissheit gibt sein E-Auto der Marke, für die Dr. Mobile arbeitet. Nun bleibe ich stehen. Das kann doch nicht wahr sein? Das ist der Kerl vom Montag und ich hätte die Möglichkeit, ihn tatsächlich persönlich zum »Mythos Kopenhagen« zu befragen.

Zweifel schießen durch meinen Kopf: Er hat sicher keine Zeit und keine Lust, mit mir, einem dahergeradelten Kritiker, über seine gewagten Thesen zu sprechen. Für einen Moment möchte ich wieder in die Pedale treten und weiterfahren. Doch vor meinem inneren Auge sehe ich auf meinem eigenen Grabstein die Schrift leuchten:

»Er hatte noch nicht einmal den Mut, Dr. Mobile anzusprechen.«

Da musst du jetzt durch, koste es, was es wolle. Ich bleibe stehen und beobachte das Geschehen aus sicherer Distanz. Dr. Mobile, im Anzug gekleidet, öffnet seine Fahrertür, steigt gelassen aus, öffnet seinen Kofferraum und nimmt das Kabel seines E-Autos, um es in die Ladestation zu stecken. Ich stelle das Fahrrad ab und pirsche mich mit fünf langsamen Schritten heran: »Entschuldigen Sie, darf ich Sie kurz etwas fragen? Waren Sie zufällig vor einigen Tagen bei einer Podiumsdiskussion zum Thema ›Die Zukunft des Autos in der Stadt‹?« Der Mann schaut mich verdutzt an: »Sie meinen jetzt am Montag?« Hastig antworte ich: »Ja genau, Sie sind doch Herr Dr. Mobile?« Nun grinst er freudig überrascht: »Ja genau, der bin ich!«

Jetzt setze ich zu dem Versuch an, möglichst sachlich und frei von Emotionen zu klingen: »Super, denn sie haben doch vom ›Mythos Kopenhagen‹ gesprochen. Könnten sie mir bitte erklären, was sie damit genau gemeint haben? Das habe ich noch nicht ganz verstanden.« Dr. Mobile lehnt sich entspannt zurück und redet etwa zehn Minuten am Stück. An Zeit mangelt es ihm offenbar nicht. Ich halte den Blickkontakt, achte auf eine offene Körpersprache und nicke ab und zu. Sein Hauptargument zum Mythos: Er hatte einmal eine Kooperation mit der Stadt Kopenhagen angestrebt, in der es um die Steigerung der Car-Sharing-Quote bei Autofahrer*innen ging, die nur selten ihr eigenes Fahrzeug nutzen. Die Stadt Kopenhagen lehnte die Kooperation ab. Zusätzlich nennt er die Zuwachsrate von Automobilen, die dort ähnlich hoch ist wie in anderen europäischen Städten. Er bestätigt jedoch, dass der Anteil von Fahrradfahrern*innen in Kopenhagen beachtlich ist. Trotzdem kommt er zu seinem Fazit »Mythos Kopenhagen«.

Als ich von meiner Autofreiheit berichte, merkt Dr. Mobile an, dass er *eigentlich* gar kein Auto fahren würde, wenn er es nicht von seinem Arbeitgeber zur Verfügung gestellt bekäme und es nicht ein paar Vorteile bieten würde.

»Das Auto spart mir viel Zeit.« – Dr. Mobile

Erfüllt von dem Zufall und der Zeit, die Dr. Mobile für das Gespräch mit mir investiert hat, sowie unerfüllt von den inhaltlichen Argumenten, setze ich meine Radreise fort.

Der Geburtstag

Juli 2020: Wir schreiben meinen ersten Geburtstag. Vor einem Jahr habe ich mein Automobil abgegeben. Wenn ich das letzte autofreie Jahr mit der autovollen Zeit davor vergleiche – was ist besser? Als bisheriges Fazit konstatiere ich: Mein Leben ist vor allem *anders*. Ein Wagen hat seine Sonnenseiten. Es ist bequemer. Nur ist bequem auch automatisch besser? Aus meiner Sicht nein! Manchmal warten wir im Leben auf Antworten. Oder die Fragen verschwinden einfach wie von Zauberhand, lösen sich auf. Exakt so erging es mir. Autofreies Leben? *Wie soll ich dann meine Familie weit außerhalb der Stadt besuchen? Wie würde ich ohne die Freiheit leben, am Samstagmorgen um acht Uhr spontan ins Auto zu steigen und in die Berge zu fahren? Wie würde ich Großeinkäufe beim Baumarkt bewältigen? Wie würde ich in den Urlaub Richtung Süden ans Meer kommen?*

All diese Fragen waren einfach verschwunden. Denn ich hatte am eigenen Leib erlebt, was ich stattdessen vom Leben geschenkt bekommen habe.

Es gab in diesen 365 Tagen unzählige Momente, die der Soziologe Hartmut Rosa als Resonanzmomente beschreibt und in denen mir *das Herz aufging*. Manche von ihnen blitzten nur für Sekunden auf und sind kaum in Worte zu fassen. Andere waren Begegnungen, die noch lange nachklangen und aus denen weiterführende Austausche entstanden.

Radelnd nickte ich der älteren Seniorin zu, als sie die Straße überquerte, was sie mit einem Lächeln räsonierte; rief dem verdutzen Bauarbeiter, der mittags genüsslich in seine Leberkässemmel biss, ein »Mahlzeit« zu; telefonierte mit einer Bäckerin, deren Katze laut eines Aushangs entlaufen war, weil ich glaubte, das Tier auf dem Radweg gesehen zu haben; verhandelte mit einem Rumänen, der mit Benzin- und Geldmangel am Straßenrand parkte, wie hoch meine Spende an ihn ausfallen sollte; lernte während einer Fahrradpause Ute, eine junge Ärztin aus Ostfriesland, kennen und radelte mit ihr eine Zeit lang, über unsere Träume sprechend, Richtung Heimat. Ute, wenn du das liest, dann schick mir doch bitte das versprochene Kochbuch zu, das du damals gerade finalisieren wolltest. Im Zug wurde ich von einer Dame angesprochen, die sich für mein Buch interessierte, das ich gerade las, und wir kamen in ein unerwartetes sowie heiteres Gespräch. Als Tramper lernte ich die Güte von Menschen kennen, die mich als Gestrandeten ein paar Kilometer mit ihrem Auto mitnahmen und niemals nur einen Cent dafür haben wollten. Am Fahrkartenautomaten lernte ich Nina, eine Geisteswissenschaftlerin aus Tutzing am Starnberger See, kennen. Wir trafen uns einige Mal zum gemeinsamen Philosophieren und berichten uns regelmäßig per E-Mail von unserem Lebensweg. Wie kann ich das auf eine einzige Essenz bringen?

»Lebendigkeit durch erlebte Erlebnisse«

Ohne eigenes »Autowohnzimmer« war und bin ich viel öfter Gast in anderen »rollenden Privatbereichen« und führte dort heitere Gespräche mit Heike, Philipp, Gerdi, Christl, Lui und Dave. Ich lernte auch eine kleine Ferienwohnung meiner Familie auf dem Land schätzen, die über zehn Jahre fast ungenutzt leer stand. Eine Fahrt dorthin mit dem Auto hatte sich einfach nie »gelohnt«, denn in nur 45 Autominuten konnte ich die Vorzüge des eigenen Bettes vorziehen. Heute fahre ich mit dem Rad, der Bahn oder einer Kombination aus beidem dorthin und bleibe gerne einige Tage. Der Ort ist fast zu einem zweiten Zuhause geworden. Zu einem Ruhepol und einer Kraftquelle, wo einige Zeilen dieses Textes entstanden.

Die Bequemlichkeit raubt die Chance auf Überraschungen, das Talent zum Improvisieren und das Einschlagen neuer Wege. Nur wenn ich mich der Unbequemlichkeit stelle, kann ich selbst etwas bewirken. Unsere Arbeitswelt ist heute geprägt von Jobs, in denen wir stundenlang in einen Bildschirm starren. Wie kann man sich damit als Lebewesen lebendig fühlen? Und auch nach Feierabend starren wir in die Bildschirme unserer Handys und Fernseher. Alles was wir dort sehen, ist eine Vorgabe von außen und selten durch unsere eigenen Ideen oder eigene Kreativität gezeichnet.

Fahrradtouren und Naturerlebnisse kann ich auch als Autobesitzer*in erleben, mögen Sie jetzt einwenden. Wo ist der Unterschied? Er ist enorm. Das wurde mir auf der Strecke zu meiner Großmutter bewusst, die ich Hunderte Male auf der Autobahn zurücklegte und nun autofrei überwinde. Es ist eben nicht Radeln *just for fun*, sondern Radeln, *um eine Autofahrt zu ersetzen*. Sobald ich auf dem Sofa im Wohnzimmer meiner Großmutter sitze, paart sich das erfüllende Gefühl von Genugtuung mit dem wohligen Gefühl der körperlichen Anstrengung: Body und Soul.

Selbst wenn ein Auto irgendwann einmal emissionsfrei und vor allem ressourcenneutral hergestellt werden kann, würde ich zögern, bevor ich mir eines zulege. Ressourcenneutral bedeutet, wie es eine Kreislaufwirtschaft nach *Cradle to Cradle* zeigt, dass Produkte so designt und hergestellt werden, dass alle verwendeten Materialien zu 100 Prozent wiederverwendet oder der Natur etwa durch Kompostierung wieder zugeführt werden können. Denn die Natur kennt keinen Müll. Der ist eine Innovation des Menschen. Der Pionier und Chemiker Prof. Dr. Braungart engagiert sich seit vielen Jahrzehnten für diesen vielversprechenden Ansatz. Mittlerweile gibt es mehr als 1 000 Produkte die nach *Cradle to Cradle* zertifiziert sind. Kleidung, Getränkeflaschen und Stifte beispielsweise sind bereits käuflich zu erwerben. Autos gehören nicht dazu. Hierzu der Trigema-Gründer Wolfgang Grupp: »*Wer heute ein Cradle-to-Cradle-Produkt kauft, zeigt, dass er sehr vorausschauend denkt und zu den Menschen gehört, die unsere Erde schonen und unseren Nachkommen ein intaktes Erdreich übergeben möchte. Jede Generation hat eine Verantwortung für ihren Lebensabschnitt. Von Cradle to Cradle inspirierte Produkte sind selbstverständlich positive Beispiele für einen verantwortungsvollen Umgang mit der Welt.*«

Porsche GT4

An einem sonnigen Herbsttag während der zweiten Coronawelle radle ich einfach los. Hauptsache ich kann dem drohenden Lagerkoller in den eigenen vier Wänden entkommen. Ein Ziel gibt es nicht. Nur ein kurzer Boxenstopp an einer Tankstelle ist vorgesehen, um mir aktuelle Leselektüre zu besorgen. Als ich mein Fahrrad dort parke, beobachte ich einen roten, tiefer gelegten Sportwagen mit Spoiler, der in diesem Moment heranrollt und an einer Zapfsäule zum Stehen kommt. Auf seinem Heck thront mit geschwungener Schrift »Porsche GT4«. Der Anblick dieses unwirklichen Teils löst Erstaunen in mir aus. Wie gefesselt und zur Statue degradiert bleibe ich stehen. Mein Blick klebt nun an folgender Szene.

Ein Mann Mitte fünfzig steigt schwungvoll aus dem PS-Monster aus. Er wirkt gut gelaunt und es dauert nur Sekunden bis er einen Kommentar eines anderen Wagenbesitzers zu seinem Flitzer erhält. An der Mimik beider Männer erkenne ich, dass deren Austausch wohlwollend ist. Das ist nicht selbstverständlich, denn Porschefahrer polarisieren. Die Lager sind meist klar verteilt. Entweder man huldigt als

Sportwagen-affiner Fan den deutschen Design- und Ingenieurskünsten – oder spricht die Dekadenz und das vermeintliche Imponiergehabe schuldig. Ich dagegen frage mich in diesem Moment, was für ein Mensch hinter dem Steuer eines solchen Autos sitzt, was für eine Story er mit sich herumträgt und wie es ihm wirklich damit geht. Die Antwort erscheint mir Millionen Lichtjahre von meinem Leben entfernt. Nur zu gerne würde ich ihn dazu befragen, gehe aber stattdessen weiter in den Tankstellenshop und nehme mir meine Lieblingswochenzeitung aus der Ablage.

Als ich den Laden verlasse, entdecke ich den Porschefahrer beim Staubsaugen seines »Babys«. Die Maschine sieht nagelneu aus und funkelt in einem selbstbewussten Rot. Kein Staubkorn scheint seinen Weg auf den Lack gefunden zu haben. Mit artistischen Verrenkungen zwängt der Besitzer sich auf die schmalen Rücksitze, um auch im Innenraum das Siegerpodest der absoluten Reinheit zu besteigen. Ein paar Sekunden bewundere ich die Fürsorge und Hingabe dieses Mannes. Es rührt mich sogar ein wenig, mit welcher Akribie er den Staubsauger einsetzt. Wie ein kleiner Junge, der sein Lieblingsspielzeug umsorgt. Dann treffe ich blitzschnell die Entscheidung, meinem vagen Gedanken nun Taten folgen zu lassen. Ich werde ihn zu seinem Leben als Porschebesitzer interviewen. Jetzt sofort! Wer steckt hinter der anonymen Fassade und was bewegt diesen Mann? Deshalb lasse ich mein klappriges Fahrrad vor dem Shop stehen und pirsche mich langsamen Schrittes an das Saugterminal heran.

Drei Meter vor dem Wagen bleibe ich stehen und warte auf einen Blickkontakt. Es dauert nicht lange und es erscheint mir so, als wäre es für ihn ganz normal, dass Fans seines *roten Traums* Fragen stellen: »Äh, entschuldigen Sie, darf ich kurz mal etwas zu ihrem Auto fragen?« »Ja gerne«, strahlt er mich an. »Nun, ich bin kein Experte auf diesem

Gebiet, aber der sieht ja ganz schön teuer aus«, leite ich meine Frage ein, als er schelmisch schmunzelnd einwirft: »Was immer auch teuer bedeutet«. Sein Humor zaubert nun auch in mein Gesicht ein freundliches Lächeln und ich wiederhole seine Worte in Zeitlupe wie ein Mantra: »Ja genau, was immer auch teuer bedeutet«. In meiner späteren Recherche stelle ich fest, dass sein Liebling 98 520 Euro in der Basisausstattung kostet. Über das Wort »teuer« lässt sich hier nicht streiten! Zu diesem Zeitpunkt scheint er mich in die Gruppe der *Huldigenden* eingeordnet zu haben und freut sich auf einen netten Plausch über PS-Zahl, Fahrverhalten und Drifting-Möglichkeiten mit oder ohne Rauchentstehung seiner besseren Hälfte. Ich fahre fort: »Sagen Sie mal, darf ich Sie ganz offen fragen ... [Pause] ... macht so ein Wagen eigentlich glücklich?«

Schnitt: Seine Mimik und Körpersprache ändern sich abrupt und er nimmt eine Schutzhaltung ein: »Ja natürlich, sonst hätte ich ihn mir nicht gekauft«. Mein Status als Gesprächspartner verwandelt sich in dieser Sekunde vermutlich vom *Huldigenden* zum *Kritiker* und er ist vorbereitet. Denn nun prasselt eine Armada von Wortketten auf mich ein: »Das ist natürlich kein Alltagsauto. Den fahre ich ganz selten. Eigentlich nur auf der Rennstrecke oder mal am Wochenende. Es ist auch kein Statussymbol. Auf keinen Fall. [Ach, echt jetzt?, frage ich mich.] Den habe ich bereits seit fünf Jahren.« Das überrascht mich tatsächlich. Ich hätte wetten können, dass der Wagen maximal ein paar Wochen auf dem Buckel hat. Mein damaliger Neuwagen sah nach einem halben Jahr bereits deutlich schlechter aus als seiner nach mehr als fünf Jahren! Der Kerl kümmert sich wirklich. Gleichzeitig habe ich das Gefühl, ich verliere ihn als offenen Gesprächspartner, wenn ich zu kritisch erscheine. Trotzdem platzt es aus mir heraus: »Ach, wenn der nur für die Rennstrecke geeignet ist, ist er ja eigentlich ein Spielzeug nicht wahr?«

Er ringt um Worte. Der Titel *Spielzeug* für sein Herzensobjekt gefällt ihm augenscheinlich nicht und ich füge beschwichtigend hinzu: »Ein Kumpel von mir fährt auch gerne auf dem Nürburgring und auf der Nordschleife seine Sportwagen und hat kürzlich seinen Maserati dort zerlegt!« Anerkennend nickt er mir zu und ich frage weiter: »Wenn Sie den Rennwagen selten fahren, was für ein Auto nutzen Sie denn im Alltag, wenn ich fragen darf?« »Ach, einen Audi. RS3«, ergänzt er nuschelnd. »Verstehe«, nicke ich verständnisvoll, seine »Bescheidenheit« wertschätzend: »Also ich bin letztes Jahr komplett aus dem Auto ausgestiegen und fahre jetzt Fahrrad.« Ich zeige in diesem Moment auf meinen grünen Drahtesel, der fünf Meter hinter uns parkt. »Oh ja, habe ich auch! Rennrad und Mountainbike«, erwidert er. Endlich Gemeinsamkeiten, denke ich mir und sehe einen geeigneten Zeitpunkt für den Ausstieg aus dem Gespräch.

Wir wünschen uns noch einen schönen Sonntag und radeln beziehungsweise fahren davon. Danke, lieber unbekannter Porschefahrer, für diesen kurzen, offenen und zu jeder Zeit wertschätzenden Austausch. Kurz frage ich mich, ob ich ihm durch meine Fragen einen unguten Nachmittag beschert habe? Schuldgefühle entstehen für einen Moment. Er hat mir durch seine Reaktion Menschlichkeit offenbart und meine Vorbehalte gegenüber solchen »Spielzeugen« ein wenig zerstreut. Wir haben das Kunststück fertiggebracht, sachlich über einen Porsche GT4 zu sprechen. Selbst wenn das Teil »gar nicht so teuer« ist, verspüre ich nicht die geringste Lust, meine Kreditkarte zu zücken. Ich trete lieber in meine Pedale und radle immer weiter der Sonne entgegen.

Solange Autos und solche Spaßmaschinen legal sind, vermeide ich Diskriminierung oder Stigmatisierung ihrer Fahrer*innen. Die Gefahr einer Doppelmoral erscheint mir zu groß. Andererseits führen positive Reaktionen wie Bewunderung zu Effekten der Bestätigung, das richtige getan oder gekauft zu haben, und damit zu Verstärkung. Ähnlich sieht es aus meiner Sicht bei Fernreisen mit dem Flugzeug, Kreuzfahrten und Hyperkonsum aus. Diese sind nach wie vor überwiegend positiv konnotiert und werden als Beweisfotos mit dem Wunsch nach Wertschätzung durch die sozialen Medien gejagt: *Schaut her, wofür ich mir in der Arbeit den A... aufreiße! Schaut her, was ich mir leisten kann! Schaut her, wie gut es mir geht!* Das darf jeder tun, nur ein Lob dafür erhält man von mir nicht.

Die Utopie

Kennen Sie das Gefühl, weit außerhalb der Stadt das Auto in der Natur zu parken, auszusteigen, tief einzuatmen und sich zu denken: Meine Güte, ist das herrlich hier. Diese Ruhe, diese gute Luft und alles ist grün!

Was wäre, wenn es in Deutschland keine Autos mehr gäbe? Können wir uns das überhaupt nur vorstellen? Auf der Landshuter Allee in München, der Elbbrücke in Hamburg oder der A100 in Berlin, auf der täglich bis zu 186 000 Fahrzeuge rollen, herrscht nun Stille. Mit Fahrrädern gleiten wir durch die Stadt, Schmetterlinge umkreisen unsere Nasen und der Fahrtwind zieht unsere Haare wie auf einer Wäscheleine hinter uns her. CO_2-frei Cabriolet fahren. Die Stadt wird zum grünen Open-Air-Dauer-Festival. Straßenfläche halbiert, Umbau in Parks und Schwimmbäder, Naturreservate. Permakulturfläche, wo die Städter*innen eigenes Gemüse ernten. Das klingt für uns nach Utopie. Vor weniger als einem Jahrhundert war die heutige, für uns »normale« Welt, auch noch utopisch. Meine Großmutter hat es noch erlebt.

Die Realität sieht anders aus. Wer wissen möchte, wie es um die deutsche Wirtschaft bestellt ist, braucht nur auf die

Kfz-Zulassungszahlen zu schauen. Wenn die Kasse stimmt, lieben wir Deutschen es, Autos in den Warenkorb zu legen. Im Jahr 2020 waren 47,7 Millionen Autos in unserem Land zugelassen. Rekord, Tendenz steigend.

Dazu ein kurzer Werbeblock: Die Abendsonne flutet die Bergkette der Rocky Mountains mit rotem Licht. Ein saftig, grüner Wald säumt die Kulisse. Unterhalb der Hügel glitzert ein See. Die kurvige Bergstraße schwingt sich, wie von Picassos Pinsel gemalt, durch die Prärie. Das neueste Modell eines Automobilherstellers schwebt scheinbar auf Schienen durch die Szenerie, wobei die Kamera eine 360-Grad-Schleife um das Fahrzeug fliegt. Man hört nur das Rascheln der Bäume. »Freiheit gibt es jetzt serienmäßig«, wird eingeblendet.

Diese Szene ist im Vergleich zum Alltag einer(s) Autofahrer*in genauso realistisch wie die Siegchancen von Angela Merkel bei einem Formel-1-Rennen. Immer mehr Menschen ziehen in die Städte, wodurch die Verkehrsbelastung dort explodiert. Vor wenigen Jahren konnten wir uns noch darauf verlassen, ausschließlich zur Rushhour im Stau zu stehen. Studien zeigen auf, dass bis zum Jahr 2030 der Ganztagesstau die neue Normalität in deutschen Großstädten sein wird.

Hannover schafft es hierzulande zu dem traurigen Rekord, bereits heute mehr Autos als Einwohner zu zählen. Zumindest bisher kann ein Mensch nur einen Pkw zur gleichen Zeit durch die Stadt steuern. Sobald das Roboterauto, an dem Google bereits längere Zeit tüftelt, marktreif ist, wird es damit vorbei sein. Dann können wir auch unseren Papagei in das Google-Car setzen und ihn durch die Stadt fahren lassen, damit er für ein bisschen Tapetenwechsel herumkommt. Durchschnittlich stehen die motorisierten Blechtonnen etwa 23 Stunden am Tag still und verbrauchen viel Fläche, die wir auch in Parks, Blumenbeete oder Spielplätze umwandeln könnten. In Hannover werden 16,3 Prozent der Verkehrsfläche ausschließlich durch parkende Pkw zugestellt.[19] Wenn wir alle in Deutschland zugelassenen Pkw auf einem großen Parkplatz abstellen wollten, bräuchten wir dafür eine Fläche in der Größe der gesamten Stadt Köln. Nun aber noch einmal zurück zu der Utopie. Lasst uns von der grünen Stadt träumen, wie es die Süddeutsche Zeitung im Juni 2017 versucht:

» Rrrrrring! Der Wecker reißt Marie aus dem Schlaf. Acht Uhr, Marie streckt ihre Arme weit von sich. Draußen ist es ruhig, bis zum Klingeln hat sie durchgeschlafen. Früher wachte sie oft schon um sechs Uhr auf, wenn die ersten Lastwägen über die Landshuter Allee vor ihrem Fenster donnerten. Marie öffnet die Rollläden, draußen zwitschern die Vögel. Ein kurzes Frühstück am offenen Fenster, rasch umziehen und ab nach draußen. In diesen Tagen hat es gegen neun Uhr schon an die 20 Grad, viele sind im T-Shirt unterwegs. Marie steigt auf ihr Fahrrad und fährt los, auf die Landshuter Allee.

Erst vor einigen Monaten hat München beschlossen, autofrei zu werden, und manchmal kann Marie es selbst noch nicht ganz fassen: Die Autos sind tatsächlich weg, auf einmal so viel freier Platz! Hunderte andere Fahrradfahrer sind bereits auf der sechsspurigen Straße unterwegs. Sie haben die Stadtautobahn nun weitgehend für sich, in der Mitte zieht gelegentlich ein Omnibus in Richtung S-Bahn vorbei. Marie hört das Knattern von Ketten, das Surren von Reifen, das Klicken von Gangschaltungen und hin und wieder ein

19   https://www.wiwo.de/technologie/mobilitaet/parkende-pkw-in-diesen-staedten-rauben-autos-den-meisten-platz/14656794.html [Aufruf am 11. 4. 2021].

Klingeln – ein Orchester der Mechanik begleitet Marie in den Tag.«²⁰

Wenn wir alle an die Utopie glauben, kann sie wahr werden. Im Jahr 2019 hat der Münchner Stadtrat entschieden, dass die Altstadt autofrei werden soll. Ein wichtiger Schritt, aber erst der Anfang.

Die Coronapandemie hat das Leben auf der Erde verlangsamt. In deutschen Städten hat sich der Verkehr zeitweise halbiert. Pop-up-Radwege schießen aus dem Boden und mehr Menschen lassen das Auto stehen. Im September 2020 titelt die Zeit: »Die Stadt ohne Auto – geht das?« Die Autorin Petra Pinzler schwenkt den Blick auf verschiedene europäische Metropolen und zeigt, was sich bereits tut und wo noch Potenzial besteht. Die Höhe der Parkgebühren unterscheidet sich beispielsweise enorm. Demnach kostet das Stehenlassen des Pkw im Stadtzentrum von London 8,71 Euro pro Stunde. In Amsterdam sind es 6,04 Euro und in Berlin 1,83 Euro. Wenn das Parken deutlich billiger als die Fahrt mit dem ÖPNV ist, führt das wohl nicht zu einer Entlastung der Straßen. Die Pariser Bürgermeisterin Anne Hidaldo hat sich nach ihrer Wahl klar positioniert und wird mit dem Slogan »Autos müssen raus« zitiert. Auch Stefan Lieb, Geschäftsführer von Fuß e.V. kommt zu Wort: »Fußgänger sind in der Stadt die Mehrheit. Die meisten Menschen legen in der Stadt die meisten Wege zu Fuß zurück. Und trotzdem haben sie auf den Straßen viel weniger Platz als all die, die an ihnen vorbeirollen. Ein großer Teil des städtischen Raumes müsste für die gehende Mehrheit reserviert sein. Der Rest dann für den fließenden Verkehr. Das wäre fair.« So Lieb. Petra Pinzler verdeutlicht diese Diskrepanz: »Die große gehende Mehrheit, die unter sich keine Unfälle baut, kein Verkehrsrecht braucht, keine Vorfahrtsregeln, keine Ampeln, keine Ge-

20 Süddeutsche Zeitung: 8. Juni 2017.

schwindigkeitsbegrenzungen, muss Rücksicht auf die Minderheit nehmen.« Münster gilt demnach als Deutschlands Hauptstadt der Fahrradfahrer*innen und hat die Innenstadt bereits größtenteils für Autofahrer*innen gesperrt. In Amsterdam werden in den nächsten Jahren etwa 10 000 öffentliche Parkplätze wegfallen. Stattdessen werden Gehwege, Radwege und Blumenbeete angelegt. Die Autorin resümiert die Frage der Titelstory folgendermaßen: »Vielleicht ist es das, was sich viele Menschen zurückwünschen – Momente der Lautlosigkeit.«[21]

Die Utopie existierte bereits, als der damalige Bundeskanzler Willy Brandt für den 25. November 1973 den ersten von insgesamt vier autofreien Sonntagen in Deutschland ankündigte. Die Bürger nutzten die Autobahnen in Freizeitplätze um und machten Picknick auf den Hauptverkehrsstraßen. Es musste allerdings erst eine Ölkrise entstehen, damit diese Utopie für einige Tage wahr werden durfte. Können wir mal einen Tag auf das Auto verzichten? Falls dies der Fall ist und wir es alle am gleichen Tag machen, dann haben wir die Utopie bereits für diese 24 Stunden geschafft. Wie wäre es mit dem 22. September? Es ist der »autofreie Tag«, zu dem jedes Jahr wiederkehrend weltweit aufgerufen wird. Nur einer von 365 Tagen im Jahr. Die Stadt Berlin hat sich im Jahr 2020 an diesem Tag dadurch beteiligt, dass sie 24 Orte für den Verkehr sperrte und sie stattdessen als Spielstraßen deklarierte.[22]

21 Die ZEIT, 17. 9. 2020, S. 2–3.
22 https://www.rbb24.de/politik/beitrag/2020/09/berlin-autofrei-er-tag-temporaere-spielstrassen.html#:~:text=Am %20globalen %20 autofreien %20Tag %2C %20der,diesem %20Jahr %20mit %20tempor %C3 %A4ren %20Spielstra %C3 %9Fen. [Aufruf am 24. 11. 2020].

Das letzte Kapitel

Im Dezember 2020 sitze ich am Steuer eines Car-Sharing-Autos. Der Anlass ist ein trauriger. Letzte Nacht ist meine Großmutter im Alter von 101 Jahren verstorben. Es ist die letzte Möglichkeit, Abschied zu nehmen. Heute geht es in der Tat um Geschwindigkeit, weshalb ich wie ferngesteuert das Lenkrad umklammere, um schnellstmöglich anzukommen. Habe ich das letzte Jahr ausreichend genutzt, um sie zu besuchen? Ging meine Autofreiheit auf Kosten von möglichen Besuchen und hätte ich mir nicht lieber öfter einen Wagen ausleihen sollen, um schneller und öfter vor Ort zu sein? Ich bin dankbar dafür, dass ich die Zeit genutzt habe und trotz, oder sollte ich lieber schreiben aufgrund, meiner Autofreiheit regelmäßig vor Ort war.

Und obwohl sie nicht mehr am Leben ist, schafft es meine Großmutter heute immer noch, dass ich viele Kilometer zu ihr radle und sie besuche. Es ist ein stiller und friedlicher Ort.

Nachwort und Bilder

Mein Dank gilt den lieben Feedbackgeber*innen, Korrekturleser*innen und Motivator*innen. Andrea, Angie, Anja, Anna, Barbara, Birgit, Christl, Dave, Heike, Johannes, Judith, Katrin, Lui, Marianne, Marta, Martin, Mutter, Nina, Paula, Philipp, Sabrina und Susanne. Ein großes Dankeschön auch an meine Lektorin Isabel Werthmann für die vielen Anmerkungen. Zudem Martin Liebmann für seine Inspiration. Und falls Sie meinen Schreibstil zumindest in Ordnung fanden, bin ich froh. Denn zu Schulzeiten waren meine Noten im Fach Deutsch meist *ausreichend*.

Aus welchen Gründen habe ich diesen Text geschrieben? Wie es scheint, weil ich mir so ein Buch früher zu lesen gewünscht hätte. Es lag nur nie in der Auslage meiner Bücherei. Vielleicht haben Sie es einfach gerne gelesen oder vielleicht konnte Sie meine Geschichte sogar dazu inspirieren, auch das Leben ohne Wagen zu wagen – oder es zumindest einmal auszuprobieren? Schreiben Sie mir gerne, am besten in diesem Moment. Ich bin gespannt auf Ihre Geschichte! Vincent.Konrad@gmx.net

Bild 1: Voller Stolz posiere ich vor dem nagelneuen Viktor (2015).

Bild 2: Auch meine Oma (95 Jahre) testet den Neuwagen.